Y BEIBL FERCHED

"Bydd eich meibion a'ch merched
yn proffwydo..."
Actau 2:17

ARFON JONES

gyda rhagair gan Siân Wyn Rees

CYHOEDDIADAU'R
GAIR

Dyfyniadau beiblaidd o *beibl.net* (© Gobaith i Gymru – 2015) a'r *Beibl Cymraeg Newydd* (© Cymdeithas y Beibl – 1988, 2004).

Cyhoeddwyd gan:
Cyhoeddiadau'r Gair
Ael y Bryn, Chwilog,
Pwllheli, Gwynedd
LL53 6SH.
www.ysgolsul.com

Cynnwys

RHAGAIR

Yn yr oes ddigidol sydd ohoni, mae albwm ffotograffau yn cael ei ystyried yn rywbeth hen-ffasiwn iawn. Tybed faint ohonom sy'n cofio treulio oriau yn gosod ffotograffau i fewn i gorneli plastig, cyn llyfu'r cefn a sticio'r lluniau i fewn i lyfryn enfawr? Mae'n swnio erbyn hyn fel gweithred sy'n perthyn i oes a fu! Pe bawn i'n ddigon dewr i ddangos ein albwm teuluol i chi, byddech yn gweld lluniau doniol ohonof wedi gwisgo fel balerina; fel chwaraewr tenis yn esgus bod yn Borg a McEnroe gyda 'mrawd; ac yna wedi fy lapio mewn bocs cardbord lliwgar yn edrych fel Rubiks cube yn yr wythdegau! Mae pob albwm teuluol yn adrodd stori a thaith yr unigolion. Parodd y freuddwyd o fod yn balerina ddim yn hir iawn, nac ychwaith yr awydd i fod yn chwaraewr tenis; a phwy a ŵyr beth oedd y stori tu ôl i'r bocs Rubiks cube!

Braint y Cristion yw deall fod gan Dduw gynllun unigryw ar gyfer pob unigolyn. Fe'n crewyd gan Dduw yn bwrpasol i gyflawni pwrpas arbennig. Yr Arglwydd ddewisodd bob llinyn o'n DNA, lliw ein llygaid, maint ein ffram, lliw ein croen, lliw ein gwallt – wel, o leia'r lliw naturiol! Mae Paul yn dweud yn ei lythyr at yr Effesiaid 2:10: "Duw sydd wedi'n gwneud ni beth ydyn ni. Mae wedi'n creu mewn perthynas â'r Meseia Iesu, i ni wneud yr holl bethau da mae e wedi'u trefnu ymlaen llaw i ni eu gwneud." (beibl.net)

Erbyn hyn, mae'r ferch fach yn y lluniau wedi tyfu i fyny, ac mae ganddi gyfrifoldebau, dyddiadur sy'n orlawn a biliau i'w talu! Pwy fyddai wedi meddwl mai athrawes gerdd fyddai'r yrfa o ddewis i blentyn dau o athrawon?! Ac eto, dyna oedd cynllun Duw ar fy nghyfer, a dwi wedi bod yn arwain cyfadran creadigol mewn ysgol uwchradd yng ngogledd Cymru ers nifer o flynyddoedd.

Dywed yr awdur Mark Twain mai'r "ddau ddiwrnod pwysicaf yn eich bywyd chi yw'r diwrnod y cewch eich geni a'r diwrnod y cewch wybod pam." Roedd yr athletwr Eric Liddell yn hollol glir ynglŷn â bwriad Duw ar ei gyfer. Dramateiddiwyd ei fywyd yn y ffilm enwog *Chariots of Fire* yn 1981. Meddai Liddell, "Dwi'n credu bod Duw wedi fy nghreu i gyda phwrpas... a phan dwi'n rhedeg, dwi'n synhwyro Ei bleser." Tybed ym mha bethau yn ein bywydau ni dan ni'n synhwyro pleser yr Arglwydd? Yn bersonol, dwi'n synhwyro pleser yr Arglwydd pan dwi'n darllen, esbonio a chyfathrebu Gair Duw. Ie, pan dwi'n pregethu. Dyna ni, dwi wedi dweud y gair! Fy enw i yw Siân, ac rwy'n bregethwr! Rhowch ddydd Sadwrn rhydd i mi, ac mi fydda i wrth fy nesg yn pori dros y Beibl neu rhyw lyfr Cristnogol neu'i gilydd yn chwilio am ddatguddiadau newydd. Gwell fyth os oes rhaid trosglwyddo'r wybodaeth yna i bregeth ar gyfer cynulleidfa gaeth yn y capel y bore wedyn!

Mae yna rai, wrth gwrs, sy'n honni na ddylwn i bregethu, arwain yn yr eglwys nac ychwaith arwain cyfadran yn y gweithle, oherwydd fy mod i'n ddynes. Dwi wedi clywed y geiriau canlynol yn aml: "Pa hawl sydd gen ti i bregethu ac arwain Siân? Dwyt ti ddim yn briod a dwyt ti ddim yn ddyn. Dan awdurdod pwy wyt ti'n gwneud y pethau yma?" I mi, mae'r ateb yn syml – Iesu! Mae pwy bynnag sy'n agor Gair Duw ac yn ceisio cyfathrebu ei wirioneddau, yn ddyn neu'n ddynes sy'n arwain, yn gwneud hynny o dan awdurdod Iesu ac mae hynny'n fwy na derbyniol!

Nid yn unig awdurdod merched sy'n cael ei gwestiynu'n aml, ond hefyd eu rôl o fewn yr eglwys a chymdeithas. Os mai magu plant a chadw tŷ yw unig rôl menywod, beth am (er enghraifft) y merched hynny sy'n sengl neu'r rhai sydd heb blant? Hefyd, ydy'r ffaith fod rhywun yn cael ei eni yn ddyn yn golygu fod pob dyn yn gyfforddus i arwain?

Dwi'n ddigon aeddfed i sylweddoli nad yw pawb o'r un farn â mi ynglŷn â rôl merched. Yn drist iawn, dwi, fel cynifer o ferched eraill, wedi dioddef geiriau a gweithredoedd anghwrtais ac an-sensitif wrth fynd o amgylch yn gweinidogaethu. Sut mae ymateb i rywun sy'n eich gyrru chi i fwyta cinio mewn ystafell arall tra bod y dynion yn trafod y Beibl? Beth ddylwn i ei wneud pan mae rhywun yn pregethu o'r pulpud fod gan bregethwyr benywaidd "ysbryd Jesebel" – aros neu adael? Mae'n bwysig iawn dweud ar y pwynt yma nad ydw i'n awgrymu am eiliad fod gan bawb sy'n anghytuno â mi agwedd gwael tuag ataf, ddim o bell ffordd! Mae yna nifer fawr o bobl fonheddig iawn (dynion a merched) ar y naill ochr a'r llall i'r drafodaeth. Clod i Dduw, mae yna hefyd bobl sy'n anrhydeddu fy ngweinidogaeth, yn fy annog ac yn fy ysbrydoli i, ac yn creu cyfleoedd i mi bregethu yn eu heglwysi a'u cynadleddau. Dwi'n aelod yng nghapel Caersalem, Caernarfon ers rhai blynyddoedd ac yn cael y cyfle (fel menywod eraill yn y gynulleidfa) i bregethu ac arwain addoliad yn rheolaidd, yn ogystal â bod yn rhan o'r tîm arwain.

Beth bynnag yw ein safbwynt ynglŷn â merched yn arwain, dydy 'eistedd ar y ffens' ddim yn opsiwn. Dydy'r pwnc ddim yn fater sy'n eilradd i athrawiaethau eraill os mai eich llais a'ch gweinidogaeth chi sy'n cael ei gyfyngu a'i dawelu. Y gwir yw fod yna genedl gyfan (a phobl ar draws y byd i gyd) sy'n dal heb glywed y newyddion da am Iesu Grist. Fy ngweddi i, wrth i chi ddarllen y llyfryn hwn, yw y bydd yr Ysbryd Glân yn rhoi datguddiad ffres a chyffrous i ni ynglŷn â merched yn y Beibl, ac yn rhoi cyfle i ni ddarganfod o'r newydd beth yw calon ein Tad nefol tuag at Ei ferched.

Siân Wyn Rees
Gorffennaf 2018

CYFLWYNIAD

Mae'r Beibl wedi ei gamddefnyddio yn rhy aml i ddadlau fod merched yn 'israddol' mewn rhyw ffordd, neu o leiaf fod iddyn nhw rôl wahanol i ddynion o fewn priodas ac yn yr eglwys, ac felly bod disgwyl iddyn nhw ymostwng i awdurdod y dynion. Golyga hyn ym marn llawer na ddylai merched ddysgu na phregethu yn yr eglwys, ac y dylai merched priod ymostwng i awdurdod eu gwŷr yn y cartref. Mae adnodau o'r Beibl yn cael eu dyfynnu i brofi mai dyma drefn a bwriad Duw, ac mae'r rhai sy'n credu yn y drefn honno yn dadlau na ellir anghytuno â nhw os ydych chi'n credu yn awdurdod y Gair a bod geiriau'r Beibl wedi eu hysbrydoli gan Dduw ac yn wir. Mae'r argyhoeddiad cryf mai "dyma mae'r Beibl yn ei ddysgu" yn awgrymu fod unrhyw un sy'n anghytuno ddim yn derbyn awdurdod yr Ysgrythur fel Gair Duw.[1] Mae hyn yn enghraifft o'n tuedd ni i ddarllen y Beibl drwy sbectol athrawiaethol sy'n cadarnhau yr hyn rydyn ni eisoes yn ei gredu, neu yr hyn rydyn ni'n tybio y dylen ni ei gredu. Mae argyhoeddiadau cryf a thraddodiad hir[2] yn gallu'n dallu ni i bosibiliadau gwahanol.

Y cwestiwn sylfaenol i'w ofyn ydy, sut mae dehongli'r Ysgrythur yn gywir? Anogaeth Paul yn 2 Timotheus 2:15 ydy: *"Bydd yn un sy'n esbonio'r gwir yn iawn."* Ond y broblem yn aml ydy fod pobl yn tybio fod hynny'n golygu y dylid derbyn ystyr blaen y geiriau heb adael i'r cyd-destun diwylliannol ddylanwadu'n ormodol ar ein dealltwriaeth o'r hyn sy'n cael ei ddweud. Mae hynny'n gamgymeriad mawr. Dyna'n union sut roedd llawer o Gristnogion yn dadlau o blaid caethwasiaeth. Mae yna ddigon o adnodau yn y Beibl yn sôn am gaethweision a chaethwasiaeth, ond fydden ni ddim am

---

1. Ond fel y dywed Alan Hewitt (gweinidog Eglwys Hope, y Drenewydd) yn ei lyfr "The Gender Revolution" (2016), "...much of what the church believes about women has come from culture and not Scripture."

2. e.e. roedd Tertullian (c.155 – c. 240 O.C.), sydd wedi ei alw yn 'dad diwinyddiaeth Orllewinol', wedi dweud am ferched, "Chi yw porth y diafol".

ddadlau dros gadw'r patrymau economaidd a chymdeithasol hynny heddiw. Rydyn ni'n edrych ar y cyd-destun ac yn derbyn fod rhai adnodau am gaethwasiaeth yn ddisgrifiadol yn unig, a bod eraill (o'u hystyried yn eu cyd-destunau gwreiddiol) yn amlwg yn pwyntio tuag at ryddid a 'ffordd well'. Cymerwch Effesiaid 6:5-8 a Colosiaid 3:22 er enghraifft – mae'r adnodau yna'n dweud wrth gaethweision am fod yn ufudd i'w meistri, ac y dylen nhw dderbyn eu safle gymdeithasol israddol tra maen nhw ar y ddaear yma (cymh. 1 Corinthiaid 7:21-22a). Ond mae Paul yn ei lythyr at Philemon yn annog Philemon i drin ei gyn-gaethwas Onesimus fel brawd annwyl yn y ffydd (adn.16), a hynny er fod Onesimus wedi dianc oddi wrtho – trosedd oedd yn haeddu ei chosbi'n llym. Mae Paul hyd yn oed yn annog Philemon i ystyried rhoi ei ryddid i Onesimus (adn.13,14). Fydden ni am ddadlau, ar sail yr adnodau yma, fod caethwasiaeth yn dal yn dderbyniol yn ein byd ni heddiw, ond y dylai Cristnogion fod yn garedig at gaethweision os ydyn nhw wedi dod i gredu yn Iesu Grist? Wrth gwrs ddim!

Mae yna lawer o bobl yn y gorffennol (a rhai hyd yn oed heddiw) wedi dadlau mai yn y cartref y dylai'r wraig fod, yn magu plant a chadw'r tŷ, tra bo'r gŵr yn mynd allan i weithio. Wrth ddarllen ystyr blaen rhai adnodau, mae'n ymddangos fod y Beibl yn dysgu'n ddigon clir mai'r gŵr ydy'r meistr yn y cartref ac mai dynion hefyd ddylai arwain yn yr eglwys. Ond yn rhy aml mae'r cyd-destun yn cael ei ddiystyru, does dim ystyriaeth yn cael ei roi i sefyllfa ddiwylliannol y cyfnod, a dim ond rhai adnodau dethol sy'n cael eu trafod.

Yn y byd sydd ohoni gwelwn ferched yn llwyddiannus ym myd busnes, yn gyfreithwyr, yn feddygon, yn ddarlithwyr prifysgol, yn arweinwyr pleidiau gwleidyddol, a hyd yn oed yn brif-weinidogion. Ond mewn rhai eglwysi mae rôl a chyfraniad y ferch yn cael ei gyfyngu gan yr argyhoeddiad fod Duw wedi galw dynion i arwain. Mae'n safbwynt cyffredin mewn rhai cylchoedd efengylaidd ac uchel-eglwysig i ddadlau fod gan ddynion a merched safle a chyfrifoldebau gwahanol i'w gilydd ym mywyd yr eglwys ac yn y cartref.

Mae'r cyfrifoldebau gwahanol yma yn cael eu harddel ar sail dealltwriaeth o'r hyn a gredir mae'r Beibl yn ei ddysgu. Honnir fod y Beibl yn dysgu fod Duw wedi rhoi y rôl o arwain i'r dyn. Wrth gwrs, byddai llawer o'r Cristnogion sydd yn credu'r math yma o beth am gydnabod a phwysleisio fod dynion a merched "mor werthfawr â'i gilydd yng ngolwg Duw", ond credant fod gan y naill a'r llall swyddogaeth wahanol yn nhrefn Duw. Golyga hyn, fel arfer, nad ydy merched yn cael pregethu na hyfforddi, ac eithrio dysgu plant a merched iau, ond maen nhw hefyd yn cael pregethu a dysgu dynion ar y maes cenhadol.[3] Wedyn yn y cartref mae'r dyn yn cael ei ystyried fel y pen-teulu, ac felly fo sy'n gwneud y penderfyniadau, ac mae ei wraig i ymostwng iddo.

Byddai rhai am ddadlau fod 1 Timotheus 2:12 yn ddigon clir ynglŷn â'r drefn mae Duw wedi ei gosod: *"Nid wyf yn caniatáu i wragedd hyfforddi, nac awdurdodi ar eu gwŷr; eu lle hwy yw bod yn dawel."* Ond dylid cofio fod yna nifer o adnodau am bynciau fel caethwasiaeth neu ysgariad sydd yr un mor glir: *"Chi sy'n gaethweision, byddwch yn gwbl ufudd i'ch meistri daearol..."* (Effesiaid 6:5); *"Y mae pob un sy'n ysgaru ei wraig ac yn priodi un arall yn godinebu, ac y mae'r dyn sy'n priodi gwraig a ysgarwyd gan ei gŵr yn godinebu."* (Luc 16:18 – BCN). Beth wnawn ni o 'ystyr blaen' y geiriau yma heddiw, mewn oes pan mae'r eglwysi yn llawer mwy llac ar gwestiwn ysgariad ac ail-briodi?[4] Mae'n rhaid edrych ar y cyd-destun gwreiddiol os ydym i ddeall beth yn union oedd yn cael ei ddweud, a sut mae ei gymhwyso i'n sefyllfa ni heddiw.

---

3. Parchg Ddr Rhys Llwyd dynnodd fy sylw at hyn mewn gohebiaeth bersonol, ac mae'n dweud "...am yr agwedd at bobl dramor, yn ddiarwybod i bobl efallai mai hen agwedd y coloneiddwyr sydd tu ôl i hynny – y syniad fod dynes o'r gorllewin o hil uwch na dyn o Affrica."

4. Ond gw. cyfieithiad beibl.net, sy'n ceisio adlewyrchu'r cyd-destun roedd Iesu yn cyfeirio ato yma.

BETH MAE'R BEIBL YN EI DDYSGU?

Gadewch i ni ddechrau gyda'r datganiad yn Actau 2:17-18 y bydd dynion a merched yn proffwydo dan ddylanwad yr Ysbryd Glân. Roedd y proffwyd Joel wedi rhagweld y diwrnod pan fyddai hyn yn digwydd (Joel 2:28-29). Mae'n dweud yn glir fod yr Ysbryd Glân, sy'n donio ac yn galluogi pobl i wasanaethu a gweinidogaethu, yn cael ei roi i ddynion a merched fel ei gilydd. Mae doniau'r Ysbryd Glân ar gael i bawb sy'n credu – pobl o bob cenedl ac iaith, pob dosbarth cymdeithasol, dynion a merched. Does dim awgrym mai dynion yn unig mae Paul yn eu cyfarch pan mae'n dweud, yn Rhufeiniaid 12:6-8: "*Mae Duw wedi rhoi doniau gwahanol i* **bob un** *ohonon ni.* **Os ydy Duw wedi rhoi'r gallu i ti roi neges broffwydol**, *gwna hynny pan wyt ti'n gwybod fod Duw am i ti wneud. Os mai helpu pobl eraill ydy dy ddawn di, gwna job dda ohoni.* **Os oes gen ti'r ddawn i ddysgu pobl eraill**, *gwna hynny'n gydwybodol. Os wyt ti'n rhywun sy'n annog pobl eraill, bwrw iddi! Os wyt yn rhannu dy eiddo gydag eraill, bydd yn hael.* **Os oes gen ti'r ddawn i arwain, gwna hynny'n frwd**. *Os mai dangos caredigrwydd ydy dy ddawn di, gwna hynny'n llawen.*" Ac mae Paul yn 1 Corinthiaid 12:7 yn dweud fod "*yr Ysbryd i'w weld yn gweithio ym mywyd* **pob unigolyn** *er lles pawb arall*". Nid sôn am ddynion yn unig mae o yma; mae'r doniau i bawb. "*Rhowch y flaenoriaeth i gariad*," meddai, "*ond ceisiwch yn frwd beth sy'n dod o'r Ysbryd, yn arbennig y ddawn o broffwydo*" (1 Corinthiaid 14:1). Mae'n annog **pawb** i geisio'r ddawn o broffwydo. Does yna ddim "Chi ddynion..." o flaen y gosodiad yma. Ac mae Pedr yn ei lythyr cyntaf yn dweud fel hyn: "*Ond dych chi'n bobl sydd wedi'ch dewis yn offeiriaid i wasanaethu'r Brenin, yn genedl sanctaidd, yn bobl sy'n perthyn i Dduw. Eich lle chi ydy dangos i eraill mor wych ydy Duw, yr Un alwodd chi allan o'r tywyllwch i mewn i'w olau bendigedig.*" Nid dweud wrth y dynion yn unig eu bod wedi eu dewis yn offeiriaid mae Pedr! Mae'n siarad gyda'r corff yn gyfan – dynion a merched.

Y Creu a'r cwymp

Yn hanes y Creu gwelwn fod dynion a merched wedi eu creu ar lun a delw Duw (Genesis 1:26-27). Golyga hyn fod y dyn a'r wraig yn gyfartal yn eu stad gwreiddiol, cyn iddyn nhw anufuddhau i Dduw. Mae'r gair Hebraeg *adam* yn cyfeirio at ddynion a merched – mae'n golygu 'dynoliaeth' (gw. hefyd Genesis 5:1-2). Mae Duw yn eu bendithio ac yn rhoi cyfrifoldebau iddyn nhw – mae'n dweud wrthyn nhw am gael plant, llenwi y ddaear a gofalu am ei greadigaeth. Mae'r gorchymyn yma yn cael ei roi i'r ddau gyda'i gilydd. Does dim awgrym yma fod rôl wahanol i'r gwryw a'r fenyw.

Mae'r dadlau yn dechrau wrth i bobl fynd ati i geisio deall a dehongli Genesis 2. Yn Genesis 2:18 mae'r Beibl yn dweud fod y ferch wedi ei chreu i fod yn *eser k'negdô* i'r dyn. Y gair sy'n cael ei ddefnyddio amlaf i gyfieithu *eser* mewn cyfieithiadau Saesneg o'r Beibl ydy *'helper'*, ac mae pobl wedi tybio fod hynny'n golygu fod i'r wraig rôl eilradd, a'i bod i wasanaethu'r dyn, sydd ag awdurdod drosti ac yn gwybod yn well. Ond nid dyna sydd yma. Mae'r gair Hebraeg *eser* yn ymddangos 21 gwaith yn yr Hen Destament, ac yn 16 o achosion mae'n cyfeirio at Dduw yn 'helpu' neu'n achub pobl (e.e. Exodus 18:4; Deuteronomium 33:26,29 *"sy'n eich amddiffyn"*; Salm 89:19 *"nerth"*; 121:1-2; 146:5). Dro arall mae'r gair *eser* yn disgrifio grym milwrol allai helpu neu amddiffyn y gwan (Eseia 30:5; Daniel 11:34) . Felly mae'n cyfeirio at rywun cryfach yn helpu'r gwan. Does dim awgrym o gwbl o rywun sy'n 'eilradd' neu'n 'israddol' yn unman. 'Ymgeledd' ydy'r gair sy'n cael ei ddefnyddio ym Meibl William Morgan ac yn y Beibl Cymraeg Newydd, ac mae Geiriadur Prifysgol Cymru yn rhestru nifer o ystyron posib i'r gair 'ymgeledd', gan gynnwys 'gofal', 'amddiffyn', 'cynhaliaeth', sy'n dangos i ni ei fod yn llawer nes at ystyr y gair Hebraeg nag mae'r Saesneg *'helper'*.

Mae'r gair arall, *k'neged*, yn golygu 'yn cyfateb i', 'cydradd', 'cyfochrog' neu 'cymar'. Beth mae'r gair yma yn ei wneud ydy pwysleisio fod gwraig yr un fath â dyn ac yn wahanol i'r anifeiliaid eraill (Genesis 2:20-23). Felly gellid cyfieithu *eser k'negdô* fel 'cryfder sy'n cyfateb i' neu 'cymar i'w gynnal/helpu' (*beibl.net*) – am fod dyn yn wan ar ei ben ei hun, ac angen help.

Mae rhai yn dadlau fod merched yn israddol am fod yr hanes yn Genesis yn dweud fod y dyn wedi rhoi'r enw 'dynes' iddi, fel y rhoddodd enwau i'r anifeiliaid (Genesis 2:19-20, 23b). Ond dydy'r ddadl yna ddim yn ddilys gan mai enw cyffredin ydy 'dynes' nid enw priod. A beth bynnag, dydy enwi ddim o angenrheidrwydd yn golygu fod yr un sy'n cael ei enwi yn israddol. Wrth ddarllen Genesis 2 gwelwn mai nid dangos awdurdod y dyn dros yr anifeiliaid oedd prif ddiben yr enwi. Beth sy'n cael ei ddweud ydy hyn: *"Rhoddodd enwau i'r anifeiliaid, i'r adar ac i'r bywyd gwyllt i gyd, ond doedd run ohonyn nhw yn gwneud cymar iddo i'w gynnal."* (Hebraeg – *eser k'neged*) (adn.20).

Ond wedyn, beth am y syniad fod gwraig yn israddol *"am ei bod wedi ei chymryd allan o ddyn"* (Genesis 2:23)? Yma eto, nid dangos awdurdod y dyn ydy bwriad y gosodiad, ond darlunio a phwysleisio'r undod rhyngddyn nhw, a'i thebygrwydd hi i'r dyn. Mae'r adnod nesaf yn dweud yn glir *"Dyna pam mae dyn yn gadael ei dad a'i fam ac yn cael ei uno â'i wraig. Byddan nhw'n dod yn uned deuluol newydd."* (neu *'un cnawd'*). Ymateb y dyn pan mae'n gweld y wraig ydy, *"O'r diwedd! Un sydd yr un fath â fi! Asgwrn o'm hesgyrn a chnawd o'm cnawd."* (adn.23)

Felly, beth ddigwyddodd i'r berthynas rhwng dyn a dynes pan syrthiodd y ddynoliaeth i bechod a gwrthryfela yn erbyn Duw? Mae'r neidr yn temtio Adda ac Efa i feddwl y byddai'n beth da petaen nhw'n rheoli eu bywydau eu hunain. Mae'n dweud wrthyn nhw *"Byddwch chi'n gwybod am bopeth – da a drwg – fel Duw ei hun."* (Genesis 3:5). A dyna drasiedi fwyaf y ddynoliaeth – yr awydd i reoli. Mae awydd pobl i reoli eu tynged eu hunain a bywydau pobl eraill wedi arwain at gymaint o ddioddefaint yn ein byd. Roedd Duw wedi creu y ddynoliaeth i fyw mewn perthynas iach gydag o'i hun, gyda'i gilydd a chyda'r greadigaeth. Ond roedd eu hanufudd-dod a'u gwrthryfel wedi effeithio ar eu perthynas gyda Duw, oherwydd maen nhw'n *"mynd i guddio o olwg yr ARGLWYDD Dduw"* (Genesis 3:8). Roedd hefyd wedi effeithio ar eu perthynas â'i gilydd a chyda'r greadigaeth. Y peth cyntaf mae'r dyn yn ei wneud ydy beio'r wraig am beth oedd wedi digwydd (Genesis 3:12). Yna cawn Dduw yn melltithio'r neidr, ac yn dweud wrth y wraig ac wrth Adda beth oedd canlyniadau eu gwrthryfel yn mynd i fod. Meddai Duw wrth y wraig: *"Byddi di eisiau dy ŵr, ond bydd e fel meistr arnat ti."* (Genesis 3:16).[5] Felly, dylid sylwi fod y cyfeiriad cyntaf at y syniad o hierarchaeth rhwng dynion a merched yn dilyn y cwymp[6]. Dydy'r hyn ddigwyddodd ddim yn dda yng ngolwg Duw. Nid fel yma roedd pethau i fod. Ac nid ffordd Duw o gosbi'r wraig sydd yma, ond Duw yn egluro iddi beth fyddai canlyniadau eu gwrthryfel. Noder fod y cymal *"bydd e fel meistr arnat ti"* yn cael ei gyfieithu yn amser y dyfodol – h.y. dyna sut fydd pethau o ganlyniad i'r hyn sydd wedi digwydd[7]. Byddai'r cymal yn gwbl ddiystyr os mai bwriad a chynllun Duw o'r dechrau cyntaf oedd i ddyn arwain ac i wraig ddilyn. Na, canlyniad y cwymp sydd yma, ac mae realiti y drasiedi honno i'w gweld ar hyd a lled y byd, mewn cymdeithasau patriarchaidd ac yn y ffordd mae dynion mor aml yn ecsbloetio a cham-drin merched.[8]

---

5. Mae Genesis 3:16 yn dweud hefyd y byddai gwraig yn dioddef poenau ofnadwy wrth eni plentyn: *"Bydd cael plant yn waith llawer anoddach i ti; byddi'n diodde poenau ofnadwy wrth eni plentyn."*

6. 'cwymp' ydy'r term sy'n cael ei ddefnyddio am y tro cyntaf i'r ddynoliaeth anufuddhau i Dduw a gwrthryfela yn ei erbyn.

7. Brawddeg enwol (heb ferf) sydd yn yr Hebraeg, ond mae ffocws y frawddeg ar yr hyn fyddai'n digwydd yn y dyfodol, ac mae'n cael ei chyfieithu felly bob amser.

8. gw. Elaine Storkey, *Scars Accross Humanity* (SPCK, 2015)

Beth am weddill yr Hen Destament?

Mae yna hanesion erchyll yn yr Hen Destament am bethau ofnadwy yn digwydd i ferched (e.e. hanes Jefftha yn aberthu ei ferch yn Barnwyr 11:30-31,34-35, a hanes y dyn o lwyth Lefi yn gadael i griw o ddynion dreisio a chamdrin ei bartner yn Barnwyr 19:25-28). Dydy'r Beibl ddim yn cyfiawnhau y ffordd y cafodd y merched yma eu trin; y bwriad ydy dangos canlyniadau erchyll pechod.

Ond, ar y llaw arall, mae yna nifer o enghreifftiau godidog yn yr Hen Destament sy'n dathlu doethineb a dewrder merched, ac yn sôn am ferched yn arwain. Felly, cyn troi i'r efengylau i edrych ar sut roedd Iesu'n trin merched, ac ystyried beth mae gweddill y Testament Newydd yn ei ddweud am ferched, dyma rai enghreifftiau o'r Ysgrythurau Iddewig sy'n sôn am ferched yn arwain ac yn proffwydo.

Roedd **Miriam** (chwaer Moses ac Aaron) yn broffwydes (Exodus 15:20-21). Mae'r proffwyd Micha yn ei chydnabod fel arweinydd, ochr yn ochr a'i brodyr (Micha 6:4).

Roedd **Debora** yn un o'r arweinwyr (neu 'farnwyr') gafodd eu galw gan yr Arglwydd *"i achub pobl Israel o ddwylo eu gelynion"* (Barnwyr 2:16,18). Roedd hyn yn y cyfnod rhwng hanes meddiannu gwlad Canaan a hanes Saul yn cael ei wneud yn frenin. Darllenwn amdani, *"Debora, gwraig Lapidoth, oedd yn arwain Israel ar y pryd. Roedd hi'n broffwydes. Byddai'n eistedd i farnu achosion pobl Israel..."* (Barnwyr 4:4-5) – roedd yn broffwydes ac yn arwain (neu 'farnu') pobl Israel. Y gair Hebraeg ydy *soffet*, sy'n golygu 'barnu', 'penderfynu' neu 'cosbi'. Felly, roedd ganddi ddylanwad ysbrydol (proffwydes) a gwleidyddol (barnwr). Hi wnaeth arwain byddin Israel yn erbyn y Canaaneaid, ochr yn ochr a Barac, oedd yn anfodlon mynd i'r frwydr hebddi (Barnwyr 4:8).

Roedd **Hulda** (2 Brenhinoedd 22:14) yn broffwydes yn Jerwsalem yng nghyfnod y brenin Joseia. Ar ôl i sgrôl y Gyfraith gael ei darganfod yn y deml (pan oedd y deml yn cael ei hatgyweirio), mae'r arweinwyr crefyddol a gwleidyddol yn troi at Hulda am arweiniad. Beth sy'n ddiddorol yma ydy fod yna ddynion yn broffwydi amlwg yn yr un cyfnod – dynion fel Jeremeia, Seffaneia a Habacuc. Ond Hulda gafodd ei dewis, a hynny mewn cyfnod pan roedd yna ddigon o ddynion ffyddlon y gellid bod wedi troi atyn nhw am arweiniad.

A gellid sôn am eraill. Roedd **Gwraig Eseia** yn un arall sy'n cael ei galw yn 'broffwydes' yn y Beibl Hebraeg (Eseia 8:3). Yna **Mam Lemuel** – ym mhennod olaf Llyfr y Diarhebion cawn gyfeiriad at *"y pethau ddysgodd Lemuel... gan ei fam"* (Diarhebion 31:1). Golyga hyn mai dysgeidiaeth gwraig sydd yn y bennod yma. Ac hefyd wrth gwrs, merched dewr fel **Ruth** ac **Esther**, ac eraill y gellid eu henwi.

Un ffordd y byddai rhai am ddadlau na ddylai merched arwain yn yr eglwys heddiw ydy trwy dynnu sylw at y ffaith nad oedd merched yn gallu bod yn offeiriaid yng nghyfnod yr Hen Destament. Mae yna reswm amlwg pam: yn y crefyddau paganaidd roedd merched yn aml yn gweithredu fel offeiriaid a phuteiniaid cwltig ac yn ymarfer defodau rhywiol. Roedd Duw, dro ar ôl tro, wedi rhybuddio ei bobl i beidio dilyn arferion crefyddol y bobloedd o'u cwmpas. (gw. Lefiticus 18:3; 20:23).

Y Testament Newydd – y cefndir diwylliannol

Wrth droi i edrych ar beth mae'r Testament Newydd yn ei ddweud am y pwnc mae'n bwysig ystyried y cefndir diwylliannol, cymdeithasol a chyfreithiol gyntaf. Drwy edrych ar y cefndir Iddewig, Groegaidd a Rhufeinig yn y ganrif gyntaf, byddwn yn gweld mor radical ydy dysgeidiaeth Iesu, a hefyd pobl fel yr Apostol Paul ac eraill yn eu llythyrau.

Cymdeithas batriarchaidd oedd y gymdeithas **Iddewig** yn nyddiau Iesu. Roedd merched yn cael eu hystyried yn israddol a doedd ganddyn nhw ddim llais na hawliau. Roedd arweinwyr Iddewig yn ystyried mai eiddo dyn oedd ei wraig, ei blant, ei dir, ei gaethweision a'i anifeiliaid. Gallai dyn ddewis gwerthu ei ferch yn gaethforwyn unrhyw bryd hyd nes oedd hi'n ddeuddeg oed. Roedd merched yn cael eu priodi, pan oedden nhw yn eu harddegau cynnar, i ddynion yn eu hugeiniau neu dridegau. Lle'r wraig oedd cadw'r cartref. Roedd disgwyl i ddyn gymryd ail wraig os oedd y gyntaf yn methu cael plant. Roedd gan ddyn hawl i ysgaru ei wraig, ond doedd gan y wraig ddim hawl i ysgaru ei gŵr heb fynd i ddadlau ei hachos mewn llys apêl rabinaidd. Doedd o ddim yn cael ei ystyried yn briodol i wragedd siarad gyda dynion oni bai fod y dynion hynny yn perthyn iddyn nhw. Doedd merched ddim yn cael addysg, roedd disgwyl iddyn nhw aros yn y cartref gyda'u mamau. Doedd merched ddim yn cael eu hystyried yn dystion dibynadwy mewn llys barn. Yn y deml yn Jerwsalem roedd merched yn cael eu cadw ar wahân i'r dynion.[9]

Roedd gweddïau boreol Iddewig, y 'Beracha', yn cael eu hadrodd gan ddynion bob dydd, ac roedden nhw'n cynnwys y geiriau hyn: "Bendigedig fyddo Ef na'm gwnaeth i yn genedl-ddyn. Bendigedig fyddo ef na'm gwnaeth i yn ddyn di-addysg neu gaethwas. Bendigedig fyddo ef na'm gwnaeth i yn wraig."[10] Mae'r weddi yma yn dangos i ni yr agwedd gyffredin at ferched. Ac mae geiriau rhai rabiniaid Iddewig o'r cyfnod yn cadarnhau hyn. Dyma eiriau un rabi dylanwadol yn y ganrif gyntaf, sef rabi Elieser: "Mae unrhyw un sy'n dysgu'r Torâ i'w ferch fel un sy'n ei dysgu i fyw yn anllad." (*Sotah* 3:4) Ac roedd Talmwd Jerwsalem yn dweud fel hyn, "Byddai'n well i eiriau'r Torâ gael eu llosgi na'u hymddiried i wraig." Ond, wedi dweud hyn, roedd yna rai Iddewon oedd yn credu'n wahanol, ac roedd anghytuno brwd ymhlith rabiniaid Iddewig am werth merched. Roedd rhai yn dadlau y dylid

---

9. Teml Herod oedd y brif ganolfan grefyddol Iddewig yn y cyfnod. Mae'n bwysig nodi yma nad oedd yna gyntedd neu iard ar wahân i ferched yn y tabernacl, yn nheml Solomon nac yn y deml adeiladwyd yng nghyfnod Esra, ar ôl i'r Iddewon ddychwelyd i Jerwsalem o'r gaethglud.

10. Mae'r weddi yma i'w gweld mewn ffynonellau rabinaidd, e.e. *tBer.*7.18; *yBer.*9.2; *Menahot* 43b. gw. Tal Ilan, *Jewish Women in Greco-Roman Palestine* (Hendrickson, 1996)

parchu merched, ac un o'r rheiny yn ddiddorol iawn oedd Gamaliel[11], athro yr apostol Paul (gw. Actau 22:3).

Mae syniadau athronwyr **Groegaidd** – syniadau pobl fel Socrates, Plato ac Aristotlys – wedi dylanwadu'n drwm ar y byd Gorllewinol, ac yn wir ar gredoau arweinwyr eglwysig cynnar hefyd. Yn y diwylliant Groegaidd byddai merched 14 i 18 oed yn cael eu rhoi yn wragedd i ddynion yn eu hugeiniau neu dridegau. Roedd y Groegiaid yn credu fod dynion yn rhagori ar ferched, ac roedd gwreiddiau'r gred honno i'w gweld yn eu mytholeg. Roedden nhw'n credu fod dynion yn bodoli fel hil cyn i ferched ymddangos. Y gred oedd fod y duw Zews a duwiau eraill wedi creu y wraig gyntaf (sef Pandora) fel melltith i gosbi dynion. Roedd y duwiau Groegaidd eu hunain hefyd yn esiamplau gwael iawn o sut i drin merched. Roedd Zews yn camdrin ei wraig Hera, ac yn cael perthynas gyda saith o dduwiesau eraill. Yn y diwylliant Groegaidd roedd gan ddynion hawl i gael rhyw gyda'i wraig a'i gaethforynion, ond roedd disgwyl i'r wraig aros yn ffyddlon i'w gŵr. Roedd yr agweddau negyddol at ferched yn mynd yn ôl ganrifoedd. Roedd y bardd Hesiod (7fed ganrif C.C.) yn dysgu fod natur merch yn ddrwg a bod dynion, cyn i'r ferch ymddangos, yn byw heb ddrygioni, heb yr angen i weithio'n galed a heb afiechydon. Yna cawn eiriau Aristotlys (384?-322 C.C.) dair canrif yn ddiweddarach: "o ran y rhywiau, mae'r gwryw yn ôl natur yn rhagori a'r fenyw yn israddol, y gwryw ydy'r rheolwr a'r fenyw ydy'r deiliad" (*Politics*, Llyfr 1, 1245b13).

Yn y cyfnod rhwng diwedd yr Hen Destament a dechrau'r Testament Newydd gwelwyd dylanwad syniadau Groegaidd ar yr Iddewon, a daeth yr hanes am Efa dan ddylanwad y chwedl am Pandora a'i blwch yn rhyddhau drygioni i'r byd. Mae'r cyfeiriad cyntaf at Efa fel ffynhonnell drygioni i'w weld yn llyfr Ecclesiasticus yn yr Apocryffa: "O *wraig y tarddodd pechod, ac o'i hachos hi yr ydym oll yn marw.*" (Ecclesiasticus 25:24 – BCN).

---

11. Roedd Gamaliel yn ŵyr i'r Rabi enwog Hillel. Mae rhai o'i ddywediadau wedi eu cadw. Roedd yn dadlau y dylai'r gyfraith amddiffyn gwragedd oedd yn cael eu hysgaru; hefyd, os oedd gwraig am ail-briodi, bod un tyst yn ddigonol i gadarnhau fod ei gŵr wedi marw. (*Yevamot 16:7*)

Yna'n olaf, y diwylliant **Rhufeinig**. Yn y diwylliant Rhufeinig roedd gan y dyn hynaf yn y teulu – sef y tad, y taid neu'r hen-daid – awdurdod absoliwt yn y cartref.[12] Byddai tad yn 'gwerthu' ei ferch i'r dyn fyddai ryw ddydd yn ŵr iddi. Roedd bechgyn yn cael addysg hyd nes roedden nhw'n 17 ond byddai addysg merch yn dod i ben pan oedd hi'n 13, sef yr oed y disgwylid iddi briodi. Roedd gwragedd Rhufeinig yn cael etifeddu eiddo, ond doedden nhw ddim yn cael pleidleisio na dal swydd gyhoeddus. Doedd gan wraig ddim hawl i ysgaru ei gŵr. Roedd disgwyl i wraig fod yn ffyddlon i'w gŵr, ond roedd yn gwbl dderbyniol i'r gŵr gael rhyw gyda'i gaethforynion a merched eraill. Roedd babanladdiad yn digwydd, ac roedd merched yn fwy tebygol o gael eu gadael i farw ar ôl cael eu geni na bechgyn. Roedd y Rhufeiniaid yn credu fod y dyn delfrydol yn rhyfelwr fel y duw Mawrth, a merched 'ar gael' iddyn nhw, fel y dduwies Fenws (Groeg, *Aphrodit*) – duwies puteindra a chariad erotig. Gelyn Fenws oedd Jwno (Groeg, *Hera*), sef duwies priodas!

Gwelwn felly fod y cyd-destun diwylliannol pan gafodd llyfrau'r Testament Newydd eu hysgrifennu yn batriarchaidd iawn ac yn nodweddu agweddau negyddol iawn at ferched. Mae'n bwysig felly ein bod, wrth ddehongli'r Ysgrythur, yn gwahaniaethu rhwng neges greiddiol yr efengyl, a'r hyn sy'n ddiwylliannol. Rydym yn gwneud hyn wrth ymdrin â rhai materion eraill. Prin iawn, er enghraifft, ydy'r eglwysi sy'n ufuddhau'n llythrennol i eiriau Iesu Grist yn Ioan 13:14: "...*am fy mod, eich Arglwydd a'ch Athro wedi golchi'ch traed chi, dylech chi olchi traed eich gilydd.*" Neu beth am ddysgeidiaeth yr apostol Paul y dylai gwragedd orchuddio'r pen pan mae'n nhw'n proffwydo neu'n gweddïo (1 Corinthiad 11:5)? Ychydig iawn o eglwysi heddiw fyddai'n gorfodi merched i wisgo het yn yr addoliad. Dŷn ni'n dehongli'r adnodau hyn yng ngoleuni'n dealltwriaeth o'r cefndir diwylliannol. Dylid gwneud yr un peth wrth ystyried yr hyn mae'r Beibl yn ei ddweud am rôl a chyfraniad merched yn yr eglwys.

---

12. *Patria potestas* oedd yr enw ar y drefn yma.

IESU A MERCHED

I'r Cristion, mae ystyried sut roedd Iesu yn trin merched yn allweddol bwysig. Roedd Iesu yn chwyldroadol yn ei ddydd! Doedd o ddim yn trin merched fel dinasyddion eilradd. Er gwaetha'r agweddau negyddol at ferched yn y diwylliant Iddewig, gwelwn Iesu'n gyson yn siarad gyda merched, dysgu merched, iachau merched a dangos parch a gofal am ferched. Cawn hanesion amdano yn ymwneud â phuteiniaid, merched oedd wedi eu 'meddiannu', merched oedd yn cael eu hystyried yn 'aflan', merched priod a merched oedd ddim yn Iddewon. S'dim ots pwy oedden nhw, roedd Iesu yn dangos parch at ferched ac yn dyrchafu merched. Roedd Iesu yn dangos sut roedd Duw wedi bwriadu i ferched gael eu trin gan ddynion.

"Ond," meddai rhai, "dynion oedd pob un o'r 12 disgybl, felly ddylai merched ddim cael arwain yn yr eglwys." Ydy hon yn ddadl ddilys? Gellid, ar yr un sail, ddadlau na ddylai unrhyw un sydd ddim yn Iddew arwain! Ond ar ôl dyfodiad yr Ysbryd Glân ar ddydd y Pentecost gwelwn ferched a phobl o genhedloedd eraill yn derbyn yr un statws â dynion ac Iddewon yn yr eglwys. Roedd Iesu yn gweinidogaethu ar groesffordd rhwng pobl Dduw dan yr hen drefn (Iddewon yn unig) a pobl Dduw dan y drefn newydd (yr eglwys gynhwysol, sef pobl o bob cenedl). Roedd Iesu wedi galw'r deuddeg i weinidogaethu i bobl Israel (Mathew 10:5). Roedd pethau yn wahanol ar ôl croeshoeliad ac atgyfodiad Iesu (Mathew 28:16-20). Ar ddechrau Llyfr yr Actau, darllenwn fod Iesu wedi dweud wrth ei ddisgyblion: *"Peidiwch gadael Jerwsalem nes byddwch wedi derbyn y rhodd mae fy Nhad wedi'i addo ... mewn ychydig ddyddiau cewch chi'ch bedyddio â'r Ysbryd Glân."* (Actau 1:4,5), ac rydym eisoes wedi tynnu sylw at beth ddigwyddodd ar Ddydd y Pentecost, pan ddaeth yr Ysbryd.

Dadl wan ydy'r syniad na all gwragedd arwain am nad oes sôn am hynny yn yr efengylau. Dydy'r efengylau ddim yn sôn am Iesu yn herio caethwasiaeth ychwaith. Ydy hynny'n golygu fod Iesu yn ystyried fod caethwasiaeth yn iawn? Wrth gwrs ddim! Roedd ei ddysgeidiaeth, a dysgeidiaeth ei ddilynwyr, yn hau hadau newid, a gwelwn hadau newid yn yr efengylau wrth ystyried agweddau at ferched hefyd.

Mae'r efengylau yn sôn am grŵp o ferched oedd yn dilyn Iesu (Luc 8:1-3; 23:49; Mathew 27:55; Marc 15:41; Ioan 19:25). Dyma'r hedyn cyntaf. Roedd i rabi Iddewig adael i ferched ei ddilyn yn anarferol iawn. Roedd i wraig adael ei chartref a mynd i ddilyn rabi yn cael ei ystyried yn warth. Yn ôl y Mishna (oedd yn crynhoi traddodiadau rabinaidd), "Mae'r sawl sy'n siarad llawer gyda gwraig yn dod â drwg arno'i hun ac yn esgeuluso astudio'r Gyfraith, ac yn y diwedd bydd yn etifeddu Gehenna" (*Pirkei Avot* 1:5). Tra roedd gan ferched hawl i wrando ar yr ysgrifau sanctaidd yn cael eu darllen yn y Synagog, doedd rabiniaid Iddewig ddim yn dysgu merched. Ond gwelwn fod Iesu yn wahanol; roedd Iesu yn cyfrif y merched fel disgyblion iddo[13]. Yn Luc 10:1-17 darllenwn amdano yn anfon y 70 allan, a does dim byd yn yr hanes i awgrymu nad oedd merched yn eu plith. Yn wir, roedd Origen (185?-254? O.C.) yn credu fod Andronicws a Jwnia (gw. Rhufeiniaid 16:7) ymhlith y 70. Yn Mathew 12:46-50 mae hanes am fam a brodyr Iesu yn dod o hyd iddo. Mae rhywun yn dweud wrth Iesu fod ei fam a'i frodyr y tu allan, eisiau siarad gydag o. Ymateb Iesu oedd pwyntio at ei ddisgyblion, a dweud mai nhw oedd ei fam a'i frodyr a'i chwiorydd. Dyma ddywed Dr Kenneth Bailey am y digwyddiad hwnnw: "*[in a] middle eastern context, a speaker who gestures to a crowd of men can say, 'Here are my brother, and uncle, and cousin.'*

---

13. Falle y byddai rhai am ddadlau yn erbyn hyn ar sail y frawddeg olaf yn Luc 8:3, a dweud mai'r cwbl roedd y merched yn ei wneud oedd gweini i'r dynion a'u cynnal yn ariannol. Ond yr hyn sy'n chwyldroadol ydy eu bod yna o gwbl, yn gwrando ar Iesu ac yn dysgu ganddo. Yn Luc 24:5-8 mae'r angylion wrth y bedd gwag yn gofyn i'r gwragedd: "*Dych chi ddim yn cofio beth ddwedodd e pan oedd gyda chi yn Galilea? ...' A dyma nhw'n cofio beth roedd wedi'i ddweud.*" Dylid cofio hefyd nad ydy'r gair 'disgyblion' wedi ei gyfyngu i'r deuddeg yn yr Efengylau (gw. Luc 6:13,17; 18:38; Mathew 12:48-50 etc.).

He cannot say, 'Here are my brother, and sister, and mother.'"[14]

Mae hanes Mair a Martha yn Luc 10:39-42 hefyd yn cadarnhau fod Iesu yn galw merched i fod yn ddisgyblion iddo. Tra roedd Martha yn cyflawni rôl draddodiadol merched yn y diwylliant Iddewig, mae Mair yn eistedd i wrando ar Iesu yn dysgu. Mae'n dweud amdani yn llythrennol yn y Roeg *"eisteddodd wrth draed yr Arglwydd"* (Luc 10:39) – cymal oedd yn cael ei ddefnyddio wrth sôn am rabi yn dysgu ei ddisgyblion (gw. cyfeiriad Paul at Gamaliel yn Actau 22:3 – y geiriad yn y Roeg ydy *"wrth draed Gamaliel"*). Cofiwn hefyd am gyffes Martha yn Ioan 11 – *"Dw i'n credu mai ti ydy'r Meseia, Mab Duw, yr un oedd i ddod i'r byd."* (Ioan 11:27). Mae llawer o bregethu wedi bod ar arwyddocâd a phwysigrwydd cyffes Pedr yn Mathew 16:16. Ddylai'r ffaith mai gwraig oedd Martha ddim gwneud ei chyffes hi yn llai arwyddocaol na chyffes Pedr! Mae'n amlwg mai nid Pedr oedd yr unig un i ddechrau deall pwy oedd Iesu go iawn.

Yn hanes y wraig o Samaria (Ioan 4:4-43) cawn Iesu yn cael trafodaeth ddiwinyddol gyda gwraig, a hynny mewn lle cyhoeddus. Doedd siarad gyda gwraig (oni bai ei bod yn aelod o'r teulu) ddim yn cael ei ystyried yn rywbeth ddylai dyn ei wneud. Mae adn.27 yn dweud fod y disgyblion *"yn rhyfeddu ei weld yn siarad â gwraig."* Ond yn waeth na hynny, roedd y wraig yma yn Samariad! Doedd Iddewon a Samariaid ddim yn hoffi eu gilydd o gwbl. Roedd agwedd yr Iddewon at y Samariaid yn dangos rhagfarn hiliol, am eu bod yn eu hystyried yn ddisgynyddion i bobl oedd wedi priodi estroniaid (Deuteronomium 7:3-4). Mae'r tensiwn yma yn cael ei adlewyrchu yng ngeiriau y wraig yn adn.9: *"Iddew wyt ti... Sut alli di ofyn i mi am ddiod? Dw i'n wraig o Samaria."* Yna yn adn.18 mae Iesu'n dweud fod y wraig yma wedi priodi saith gwaith a'i bod bryd hynny yn byw gyda dyn oedd ddim yn ŵr iddi. Mae esbonwyr yn aml wedi tueddu i awgrymu fod Iesu yn tynnu sylw yma at ei gwendidau moesol hi, ond mae'n fwy tebygol

---

14. *'Women in the New Testament: A Middle Eastern Cultural View', Theology Matters* 6.1 – Ion/ Chwef 2000.

fod Iesu'n cydymdeimlo â hi, am ei bod yn wraig oedd wedi cael ei thrin yn wael gan un dyn ar ôl y llall. Dylid cofio ei bod yn hawdd iawn i ddynion ysgaru eu gwragedd (cf. Deuteronomium 24:1), ond roedd rhaid i wragedd oedd eisiau ysgariad apelio i'r llys rabinaidd.[15] Beth bynnag oedd hanes y wraig yma, mae Iesu yn cynnig 'dŵr bywiol' iddi, oedd yn cynrychioli perthynas gyda Duw drwy'r Ysbryd Glân. Mae o hefyd yn dweud wrthi hi mai fo oedd y Meseia (adn.26). Oes unrhyw syndod fod y wraig yma wedi mynd yn ôl i'r pentref a dweud wrth bawb am Iesu (adn.28)? A sylwer fod dim byd yn yr adnodau hyn yn awgrymu mai dim ond rhannu'r newyddion da gyda gwragedd eraill y pentref wnaeth hi. Does dim awgrym o gwbl mai merched yn unig ddaeth i gredu yn Iesu oherwydd beth ddwedodd y wraig yma (adn.39). Ac eithrio Anna, yn y deml pan oedd Iesu ond wythnos oed (Luc 2:36-38), gellid dadlau mai'r wraig yma o Samaria oedd yr efengylydd cyntaf y sonir amdani yn y Testament Newydd.

Yna cawn hanes y wraig oedd wedi ei dal yn y weithred o odinebu (Ioan 8:2-18). Tra roedd Iesu'n dysgu yng nghwrt y deml dyma rai o'r Phariseaid a'r arbenigwyr yn y Gyfraith yn llusgo'r wraig ato gan honni ei bod wedi cael ei dal yn godinebu. Ond ble roedd y dyn oedd yn godinebu gyda hi? Roedd cyfraith Moses yn dweud y dylai'r ddau gael eu llabyddio (Lefiticus 20:10; Deuteronomium 22:23-30). Felly, gwelwn fod yr hanes yma eto yn dangos yn glir ragfarn yn erbyn merched. Bwriad y cyhuddwyr oedd ceisio baglu Iesu. Ond beth ddigwyddodd? Dangosodd Iesu drugaredd at y wraig. Nid dim ond y cwestiwn moesol am odineb oedd yn codi yma, ond y cyhuddiad annheg mai dim ond y wraig oedd wedi pechu. Mae Iesu'n herio'r dynion oedd yn ei chyhuddo i wynebu cyflwr eu calonnau eu hunain: *"Os oes un ohonoch chi ddynion erioed wedi pechu, taflwch chi'r garreg gyntaf ati hi."* (Ioan 8:7) Ar ôl iddyn nhw fynd mae Iesu yn siarad gyda'r wraig – rhywbeth oedd yn gwbl annerbyniol yng ngolwg arweinwyr crefyddol y dydd. Ond roedd Iesu bob amser yn dangos yr un parch a thegwch at wragedd a dynion.

---

15. Roedd Iesu, ar y llaw arall, yn dysgu fod gan y wraig a'r gŵr yr un hawliau a chyfrifoldebau â'i gilydd (cf. Marc 10:11-12 sy'n sôn am wragedd yn ysgaru eu gwŷr).

Yr un oedd y broblem yn Luc 7:36-50 lle cawn wraig oedd yn adnabyddus fel gwraig anfoesol yn eneinio traed Iesu a'u sychu â'i gwallt. Roedd yn gwbl annerbyniol i wraig dynnu'r gorchudd roedd yn ei wisgo am ei phen a datod ei gwallt yn gyhoeddus, ond dyna wnaeth hon. Roedd hi'n wylo wrth ei draed. Mae Iesu yn ei derbyn ac yn datgan fod ei phechodau wedi eu maddau: *"Am i ti gredu rwyt wedi dy achub"* meddai wrthi. Yn wahanol i'r Phariseaid roedd Iesu yn cyfrif pob person byw yn werthfawr yng ngolwg Duw, gan gynnwys 'pechaduriaid' a merched. (Math 9:10-13; 11:19; Marc 2:15-17; Luc 5:30-32; 15:1-2).

Yn Mathew 19:3-12 lle roedd y Phariseaid yn ceisio baglu Iesu ar fater ysgariad, sôn maen nhw am y ddadl rhwng dilynwyr dau rabi enwog ynglŷn â sut i ddehongli Deuteronomium 24:1. Beth sy'n rhoi rheswm digonol i ddyn ysgaru ei wraig? Roedd Rabi Shammai yn dysgu mai godineb neu anfoesoldeb rhywiol oedd unig sail ysgariad, ond roedd Rabi Hillel yn dweud y gallai dyn ysgaru ei wraig am unrhyw reswm, hyd yn oed os oedd hi wedi llosgi ei ginio![16] Mae Iesu yn ymateb i'w cwestiwn drwy bwyntio yn ôl at hanes y Creu a pwysleisio'r undod a'r cydraddoldeb oedd rhwng gŵr a gwraig. Mae'n herio'r syniad diwylliannol cyfoes mai 'eiddo' y gallai dyn ddewis gwneud fel y mynnai â hi oedd gwraig.

Darllenwn wedyn am Iesu yn iachau gwraig oedd yn dioddef o waedlif ers deuddeng mlynedd (Mathew 9:19-22; Marc 5:25-35; Luc 8:43-48). Yn ôl llythyren y Ddeddf roedd y wraig hon i'w hystyried yn aflan, a byddai unrhyw un fyddai'n ei chyffwrdd yn cael ei ystyried yn aflan hefyd am weddill y diwrnod (Lef 15:19-27). Doedd Iesu ddim yn ddig hefo'r wraig am ei wneud yn 'aflan'. Roedd o'n garedig ati. Yma eto mae'n camu tu allan i ffiniau cymdeithasol a chrefyddol ei ddydd drwy ddangos trugaredd ati a siarad gyda hi yn gyhoeddus.

---

16. Talmwd Babilon (*Talmud Bavli*), *Gittin*, 90a.

Pan aeth Iesu i ardal Tyrus a Sidon daeth gwraig o dras Canaaneaidd ato. Roedd ei merch wedi ei meddiannu gan gythraul (Mathew 15:21-28; Marc 7:24-30). Niwsans oedd hi yng ngolwg y disgyblion, ac maen nhw'n annog Iesu i'w hanfon i ffwrdd. Ond mae Iesu fel petai'n fwriadol yn ymestyn y drafodaeth gyda'r wraig er mwyn dysgu gwers bwysig i'w ddisgyblion, sef bod Duw yn caru, croesawu a bendithio pobl o bob cenedl, hyd yn oed gwragedd o genhedloedd eraill.

Yn Luc 13:10-17 cawn hanes gwraig anabl yn cael ei hiachau gan Iesu. Roedd e'n dysgu yn y Synagog ar y pryd, lle roedd y merched yn cael eu cadw yn y cefn, tu ôl i sgriniau pwrpasol. Ond mae Iesu'n galw'r ddynes ymlaen ato, yn siarad â hi o flaen pawb ac yn gosod ei ddwylo arni i'w hiachau. Mae o hyd yn oed yn ei galw yn "un o blant Abraham" (neu yn y Groeg, yn "ferch i Abraham"). Does dim sôn am unrhyw un yn defnyddio'r geiriau yna i ddisgrifio gwraig o'r blaen. Byddai'r syniad fod gwraig yn "ferch i Abraham" yn gwbl ddiarth ac yn osodiad amheus iawn yng ngolwg yr arweinwyr crefyddol.

Yn hanes bwydo'r pum mil, mae'r efengylydd Mathew yn dweud ar ddiwedd yr hanes, *"Roedd tua pum mil o ddynion wedi cael eu bwydo, heb sôn am wragedd a phlant!"* (Mathew 14:21) Yma eto roedd o'n pwysleisio radicaliaeth Iesu yn dysgu gwragedd a phlant. Ac mae Luc yn cadarnhau'r un gwirionedd pan mae'n adrodd hanes rhyw wraig, yn y dyrfa oedd wedi casglu o'i gwmpas, yn gweiddi ar Iesu, *"Mae dy fam, wnaeth dy gario di yn ei chroth a'th fagu ar ei bronnau, wedi'i bendithio'n fawr!"* Mae Iesu'n cywiro'r ddynes, ac yn dweud mae nid magu plant ydy braint fwyaf gwraig. Dyma'i ateb: *"Mae'r rhai sy'n gwrando ar neges Duw ac yn ufuddhau iddo wedi'u bendithio'n fwy!"* (Luc 11:27-28).

Mae wedi ei ddweud lawer gwaith mae gwragedd oedd y rhai olaf wrth y groes a'r rhai cyntaf wrth y bedd, ond falle heb ystyried gwir arwyddocâd hynny. Merched oedd y tystion cyntaf i atgyfodiad Iesu, a'r rhai cyntaf i

Iesu eu hanfon allan i gyhoeddi ei fod yn fyw (Math 28:8-10; Marc 16:1-11; Ioan 20:11-18). Pan mae'r gwragedd yn darganfod fod y bedd lle rhoddwyd corff Iesu i orwedd yn wag, mae angel yn dweud wrthyn nhw am fynd i ddweud wrth y disgyblion beth oedd wedi digwydd. Ac yna, pan ymddangosodd Iesu yn fyw i Mair Magdalen, ei eiriau oedd, *"Dos at fy mrodyr i a dweud wrthyn nhw..."* (Ioan 20:17) Oedd, roedd Iesu yma yn anfon Mair i rannu'r newyddion da gyda dynion. Yn niwylliant y dydd doedd merched ddim yn cael eu hystyried yn dystion dibynadwy mewn llys barn, ond roedd Iesu yn ystyried y gwragedd yma yn gwbl ddibynadwy. Y merched yma oedd y rhai cyntaf i gael eu comisiynu i rannu y newyddion da fod y Meseia gafodd ei groeshoelio wedi dod yn ôl yn fyw.[17]

Pan oedd Iesu ar fin esgyn yn ôl i'r nefoedd rhoddodd y gorchymyn canlynol i'r un ar ddeg disgybl: *"Ewch i wneud pobl o bob gwlad yn ddisgyblion i mi, a'u bedyddio nhw fel arwydd eu bod nhw wedi dod i berthynas â'r Tad, a'r Mab a'r Ysbryd Glân."* (Mathew 28:19). Roedd dynion a merched, Iddewon a phobl o genhedloedd eraill yn cael eu galw i fod yn ddisgyblion. Am y tro cyntaf, byddai merched yn derbyn y sacrament oedd yn arwyddo eu bod yn perthyn i bobl Dduw (sef bedydd). Cyn hyn, dim ond dynion oedd yn derbyn yr arwydd o berthyn i bobl Dduw (sef enwaediad).

Dadl wag iawn ydy dweud nad oes gan yr adnodau hyn ddim i'w wneud â lle'r ferch yn yr eglwys. Roedd y ffordd roedd Iesu yn trin merched yn chwyldroadol yn ei ddydd. Roedd yn hau'r hadau i adfer urddas merched, ac yn amlwg yn gwrthwynebu'r ffordd roedden nhw'n cael eu trin oddi mewn i ddiwylliant Iddewig ei ddydd. Roedd Iesu dro ar ôl tro yn croesi ffiniau cymdeithasol a chrefyddol yn ei ymwneud â merched. Roedd yn ystyried merched yn 'ddisgyblion' ochr yn ochr â'r dynion, ac yn eu rhyddhau i fod yn dystion iddo.

---

17. Dywed Tom Wright, "Mary Magdaline and the others are the apostles to the apostles. If an apostle is a witness to the resurrection, there were women who deserved that title before any of the men." – N.T.Wright, *Surprised by Scripture* (HarperOne, 2014), t69.

PAUL A'R APOSTOLION

Un peth sy'n bwysig i'w gofio am lythyrau Paul ydy fod bron pob un ohonyn nhw wedi eu hanfon at sefyllfaoedd penodol, a'u bod yn delio gyda chwestiynau a phroblemau oedd wedi codi yn y sefyllfaoedd arbennig hynny. Wrth gwrs, mae yna egwyddorion tu ôl i'r hyn oedd yn cael ei ddysgu, ond mae'n gamarweiniol i awgrymu fod yr union sefyllfaoedd hynny wedi bod yn berthnasol yn yr un ffordd ar hyd y canrifoedd hyd heddiw. Meddyliwch, er enghraifft am ddysgeidiaeth Paul am fwyta cig wedi ei aberthu i eilun-dduwiau paganaidd yn 1 Corinthiaid 10 neu'r drafodaeth am steil gwallt dynion a merched yn 1 Corinthiaid 11. Wrth ddehongli'r adnodau hyn mae'n rhaid cymryd y cyd-destun cymdeithasol a diwylliannol i ystyriaeth.

Yn Galatiaid 3:26-28 mae Paul yn datgan, *"Dych chi i gyd yn blant Duw drwy gredu yn y Meseia Iesu... S'dim ots os ydych chi'n Iddew neu'n perthyn i genedl arall, yn gaethwas neu'n ddinesydd rhydd, yn ddyn neu'n wraig – dych chi i gyd fel un teulu yn perthyn i'r Meseia Iesu."* Fe sylwch fod y geiriau yma yn gwbl groes i'r weddi foreol y cyfeiriwyd ati yn gynharach (y Beracha) – geiriau y byddai dynion Iddewig yn ei hadrodd yn ddyddiol. Mae rhai ysgolheigion yn credu fod y datganiad yma gan Paul yn eiriau oedd yn cael eu hadrodd pan oedd credinwyr yn cael eu bedyddio. Roedd y cydraddoldeb yma rhwng pawb oedd wedi credu yn y Meseia yn gwbl sylfaenol i'r hyn roedd yn ei olygu i fod yn Gristion. Roedd yn ddatganiad fyddai'n rhoi urddas i bobl oedd wedi bod ar un adeg yn baganiaid, a hefyd i gaethweision ac i ferched.

Cyn troi i edrych ar rai o'r adrannau perthnasol o lythyrau Paul, dylen ni atgoffa'n hunain o un ffaith yn gyntaf. Cyn ei dröedigaeth, roedd Saul, y Pharisead, yn erlid yr eglwys ac eisiau ei dinistrio hi, ac mae'n ddiddorol sylwi ei fod yn teimlo fod angen carcharu dynion a merched i wneud hynny – nid dim ond y dynion. *"Ond dyma Saul yn mynd ati i ddinistrio'r eglwys.*

*Roedd yn mynd o un tŷ i'r llall ac yn arestio **dynion a merched** fel ei gilydd a'u rhoi yn y carchar.*" (Actau 8:3) Ac mae'n amlwg fod awdurdodau crefyddol Jerwsalem yn cytuno: "*Roedd [Saul] wedi mynd at yr Archoffeiriad i ofyn am lythyrau i synagogau Damascus yn rhoi'r hawl iddo arestio unrhyw un oedd yn dilyn y Ffordd. Roedd ganddo awdurdod i gadw **dynion a merched** yn y ddalfa a mynd â nhw'n gaeth i Jerwsalem.*" (Actau 9:1b-2). Os mai dim ond dynion oedd yn arwain yr eglwysi, doedd yna ddim llawer o bwynt iddo arestio'r merched!

Corinth

Roedd gan Corinth enw fel dinas lle roedd anfoesoldeb rhywiol yn rhemp. Teml y dduwies Aphrodit (Fenws i'r Rhufeiniaid) a'i mil o buteiniaid cwltig oedd wedi ennill yr enw i'r ddinas, ac er fod y deml yn adfail erbyn dyddiau Paul, roedd y puteiniaid yn dal yno yn gwasanaethu'r morwyr a'r masnachwyr oedd yn stopio yn y porthladd. Roedd y puteiniaid yn siafio eu pennau fel arwydd o'u ffyddlondeb i Aphrodit, ac roedd gwallt gwragedd oedd wedi eu dal yn godinebu yn cael ei siafio i ffwrdd hefyd.

Cyn trafod unrhyw adnodau penodol yn 1 Corinthiaid mae'n bwysig deall fod Paul wedi ysgrifennu'r llythyr yma mewn ymateb i lythyr oedd o wedi ei dderbyn gan yr eglwys yng Nghorinth. Yn ail hanner y llythyr mae'n delio hefo nifer o gwestiynau penodol roedden nhw wedi eu codi yn eu llythyr nhw ato fo – "*Nawr, gadewch i ni droi at y cwestiynau oedd yn eich llythyr chi.*" (1 Corinthiaid 7:1)

1 Corinthiaid 7:1-16

Gadewch i ni yn gyntaf edrych ar yr hyn mae Paul yn ei ddweud am berthynas gŵr a gwraig o fewn cwlwm priodas.

Y peth trawiadol i sylwi arno yma ydy'r ffordd mae Paul yn trin dynion a merched yn gwbl gyfartal o fewn priodas. Mae'n anhygoel o gofio'r cyd-destun diwylliannol. *"Gan fod cymaint o anfoesoldeb rhywiol o gwmpas, dylai pob dyn gael ei wraig ei hun a phob gwraig ei gŵr ei hun. Ac mae gan ddyn gyfrifoldeb i gael perthynas rywiol gyda'i wraig, a'r un modd y wraig gyda'r gŵr. Mae'r wraig wedi rhoi'r hawl ar ei chorff i'w gŵr, a'r un modd, mae'r gŵr wedi rhoi'r hawl ar ei gorff yntau i'w wraig. Felly peidiwch gwrthod cael rhyw gyda'ch gilydd. Yr unig adeg i ymwrthod, falle, ydy os ydych chi wedi cytuno i wneud hynny am gyfnod byr..."* (1 Corinthiaid 7:2-5). Roedd rabiniaid Iddewig yn dysgu fod gan y gŵr hawl i wrthod cael rhyw, ond dim y wraig.

Yna mae Paul yn mynd yn ei flaen i ddweud fel hyn: *"Os oes gan Gristion wraig sydd ddim yn credu, ond sy'n dal yn fodlon byw gydag e, ddylai'r dyn hwnnw ddim gadael ei wraig. Neu fel arall, os oes gan wraig ŵr sydd dim yn credu, ond sy'n dal yn fodlon byw gyda hi, ddylai hithau ddim ei adael e. Mae bywyd y gŵr sydd ddim yn credu yn cael ei lanhau drwy ei berthynas â'i wraig o Gristion, a bywyd gwraig sydd ddim yn credu yn cael ei lanhau drwy ei pherthynas hi â'i gŵr sy'n Gristion ... Wraig, ti ddim yn gwybod, falle y byddi di'n gyfrwng i achub dy ŵr! Neu ti'r gŵr, falle y byddi di'n gyfrwng i achub dy wraig!"* (1 Corinthiaid 7:12-14,16) Mae Paul yn trin y naill ar llall fel ei gilydd. Does dim awgrym o gwbl yma fod gan ddyn fwy o hawliau na'r wraig, neu ryw 'awdurdod' cynhenid dros ei wraig, fel mae geiriau Paul yn 1 Corinthiaid 11:3-16 wedi eu dehongli mor aml.

Felly, gadewch i ni edrych ar yr adnodau hynny nesaf, ochr yn ochr â gosodiad tebyg yn y Llythyr at yr Effesiaid.

1 Corinthiaid 11:3-16; Effesiaid 5:21-24

Geiriau sydd wedi cael eu defnyddio'n aml i ddweud fod merched yn israddol yng nghyd-destun yr eglwys ac o fewn cwlwm priodas ydy'r rhai sydd wedi eu cyfieithu i ddweud *"mai pen y wraig yw'r gŵr"* (1 Corinthiaid

11:3 – BCN). Y gair Groeg allweddol yma ydy'r gair 'pen' – Groeg, *kephale*[18]. Rhaid gofyn beth yn union ydy ystyr y gair i ddeall beth oedd Paul yn ei ddweud yma. Mae llawer o esbonwyr yn dadlau mai ystyr y gair *kephale* yma ydy 'ffynhonnell' neu 'darddiad', nid 'arweinydd' neu 'bennaeth'.[19]

Yn yr adnodau yma yn 1 Corinthiaid mae Paul yn chwarae gyda'r gair *kephale*. Mae'n dweud "Yr wyf am i chi ddeall mai *kephale* pob gŵr yw Crist, ac mai *kephale* y wraig yw'r gŵr, ac mai *kephale* Crist yw Duw." (1 Corinthiaid 11:3). Gadewch i ni ystyried y gosodiad olaf yn gyntaf – *Kephale* Crist yw Duw. Mae i'r gosodiad oblygiadau athrawiaethol wrth feddwl am natur y Drindod, os ydym am ddadlau fod hyn yn drefn barhaol ym mherthynas y Tad a'r Mab. Mae'n wir fod Iesu (y Mab) wedi ymostwng o'i wirfodd i'r Tad (Philipiaid 2:5-8; Ioan 14:10), ond ymostwng dros gyfnod ei ymgnawdoliad oedd hyn. Mae cyfieithu *kephale* fel ffynhonnell neu darddiad yn gwneud synnwyr perffaith o'r adnod. Dyma sut mae beibl.net wedi ei chyfieithu: *"Ond rhaid i chi ddeall bod bywyd pob dyn yn tarddu o'r Meseia, a bod bywyd gwraig yn tarddu o'r dyn, ac mai o Dduw y mae bywyd y Meseia yn tarddu."* Mae'n cyfeirio at y Gair oedd gyda Duw ar y dechrau yn creu y ddynoliaeth (Ioan 1:3), y wraig yn cael ei chreu o'r dyn (Genesis 2:21-22) a'r ffaith fod y Meseia wedi dod oddi wrth Dduw yn ei ymgnawdoliad (Ioan 8:42; 16:28).

Ond ar ba sail rydyn ni'n cyfieithu *kephale* fel 'ffynhonell' neu 'darddiad'? Yn y cyfieithiad Groeg o'r Hen Destament (y 'Deg a Thrigain' neu LXX) roedd y cyfieithwyr wedi defnyddio *kephale* i gyfieithu'r gair Hebraeg *ro'sh* (pen) lle mae'n cyfeirio at y pen yn llythrennol (226 allan o 239 gwaith), ond pan oedd *ro'sh* yn golygu 'arweinydd' roedden nhw'n defnyddio geiriau

---

18. gw. Richard S. Cervin, *On the Significance of Kephalē ("Head"): A Study of the Abuse of One Greek Word* (2016); hefyd Gordon D. Fee, *The First Epistle to the Corinthians*, (New International Commentary on the New Testament, Grand Rapids: William B. Eerdmans, 1987), tud. 502-3.

19. gw. yr adrannau canlynol sy'n defnyddio'r gair *kephale*: 1 Corinthiaid 11:2-16; Effesiaid 1:22; 4:15; 5:23; Colosiaid 1:18; 2:10,19. Noder hefyd fod Argraffiad Diwygiedig y BCN wedi ychwanegu troednodyn yn 1 Corinthiaid 11:3 – Neu, *tarddiad*)

Groeg eraill bron yn ddi-eithriad – y gair *archon* yn bennaf.[20]

Dydy'r gair *kephale* ddim yn cael ei ddefnyddio i fynegi'r syniad o 'awdurdod' neu 'arweinydd' mewn hen lenyddiaeth Roegaidd ychwaith, ond roedd o yn gallu golygu 'tarddiad'. I'r Groegiaid, y pen (sef y pen llythrennol ar gorff dyn) oedd ffynhonnell bywyd. Roedd Aristotlys yn credu fod had dynol yn cael ei greu ym mhen y dyn, yn teithio i lawr llinyn y cefn ac allan drwy ei organau cenhedlol. Doedd gwraig yn ddim mwy na 'thir' i'r had dyfu arno. Pen (*kephale*) y dyn oedd ffynhonnell neu darddiad bywyd newydd.

Ond pam mae Paul yn trafod steil gwallt a beth ddylai dynion a merched ei wisgo pan oedden nhw'n gweddïo neu'n proffwydo? (1 Corinthiaid 11:4-7; 13-16). Mae yna ddadlau mawr wedi bod ynglŷn ag arwyddocâd diwylliannol hyn i gyd, a sut mae ei gymhwyso i'n dyddiau a'n sefyllfa ni heddiw. Sut bynnag yr awn ati i geisio deall arwyddocâd y cyfarwyddiadau ynglŷn â gwisgo gorchudd ar y pen, mae un peth yn gwbl glir: roedd Paul yn disgwyl i ferched yn ogystal a dynion weddïo a phroffwydo yn yr eglwys (1 Corinthiaid 11:4,5). Ac mae'n bwysig cofio ei fod yn adn.11,12 yn dweud fel hyn: *"Beth bynnag, yn yr Arglwydd dydy gwraig a dyn ddim yn annibynnol ar ei gilydd. Mae'n wir fod y wraig wedi dod o'r dyn, ond mae'n wir hefyd fod pob dyn yn cael ei eni o wraig. Ac o Dduw mae'r cwbl yn tarddu yn y pen draw."* Mae'r geiriau yma eto yn arwydd clir o'r cydraddoldeb radical rhwng dynion a merched oedd yn cael ei arddel a'i ddysgu gan yr Apostol Paul ar ôl iddo ddod i nabod Iesu.

I droi at y llythyr at yr Effesiaid, mae Effesiaid 5:21 yn dweud fel hyn: *"Dylech fod yn atebol i'ch gilydd fel arwydd o'ch parch at y Meseia ei hun"*. Yn anffodus mae llawer o gyfieithiadau wedi gosod y geiriau yna fel clo i'r drafodaeth flaenorol a rhoi is-bennawd rhwng adn.21 ac adn.22 (e.e. gw. y BCN). Ond mae sail i gredu fod hynny yn anghywir, oherwydd yn

---

20. Pan mae *ro'sh* yn golygu 'arweinydd' neu 'bennaeth' dydy'r cyfieithiad *kephale* ond yn cael ei ddefnyddio tua 11 gwaith allan o tua 180 o achosion. [Rhaid defnyddio'r gair 'tua' yma oherwydd fod y gwahanol lawysgrifau o'r LXX yn amrywio.]

adn.22 dydy'r gair sy'n cael ei gyfieithu *"byddwch ddarostyngedig"* (BCN), sef *hupotasso*, ddim yn y llawysgrifau cynharaf[21]. Y cwbl mae adn.22 yn ei ddweud yn llythrennol ydy *"Y gwragedd i'w gwŷr eu hunain, fel i'r Arglwydd."* Mae'n cysylltu'n uniongyrchol â'r hyn sydd newydd gael ei ddweud yn yr adnod flaenorol. Felly y pwyslais ydy fod y ddau i ymostwng (neu *'fod yn atebol'* beibl.net) i'w gilydd – y wraig i'r gŵr, a'r gŵr yntau i'r wraig. Mae'r dewis gwirfoddol yma i ymostwng a gwasanaethu yn meithrin perthynas briodasol sy'n adlewyrchu hunan-aberth Crist, a dyna'n union sy'n cael ei bwysleisio yn adn.25: *"Chi'r gwŷr, rhaid i chi garu eich gwragedd yn union fel mae'r Meseia wedi caru'r eglwys."*

Ond onid ydy adn.23 yn dweud *"y gŵr yw pen y wraig, fel y mae Crist hefyd yn ben yr eglwys"* (BCN)? Nac ydy, yn sicr ddim yn yr ystyr o fod ag 'awdurdod' dros y wraig. Petai Paul wedi bwriadu cyfleu y syniad o awdurdod yma, byddai wedi defnyddio'r gair Groeg *archon*. Felly yma eto mae *beibl.net* yn ceisio adlewyrchu ystyr *kephale* drwy gyfieithu'r adnod fel hyn: *"O'r gŵr mae'r wraig yn tarddu, fel mae'r eglwys yn tarddu o'r Meseia."* Ac mae'n dweud wedyn beth wnaeth y Meseia: *"rhoddodd ei fywyd i'w hachub hi!"* Mewn ymateb i gariad hunan-aberthol y Meseia tuag ati, mae'r eglwys o'i gwirfodd yn dewis bod yn atebol iddo. Mae wrth ei bodd yn gwneud hynny, oherwydd awdurdod sy'n llifo o'i gariad ydy awdurdod y Meseia.

"Chi'r gwŷr, rhaid i chi garu eich gwragedd yn union fel mae'r Meseia wedi caru'r eglwys." meddai Paul wedyn yn yr adnod nesaf (Effesiaid 5:25a). Ac mae'n pwysleisio eto sut gwnaeth y Meseia hynny – *"Rhoddodd ei fywyd yn*

---

21. P46 (tua 200 O.C.) a B – y Codex Vaticanus (tua 300 O.C.). Mae llawysgrifau mwy diweddar (o'r 5ed a'r 6ed ganrif ymlaen) yn ychwanegu'r ferf *hupotasso* i'r frawddeg – naill ai yn yr ail berson lluosog gorchmynnol ar ôl y gair *gunaikes* (gwragedd) neu yn y trydydd person lluosog ar ôl y gair *andrasin* (gwŷr). Mae'n debygol fod y geriau hyn wedi eu hychwanegu i'r testun gwreiddiol gan gopïwyr i wneud yr hyn gredent hwy oedd yr ystyr yn gliriach. Ond mae rhai pobl yn anghytuno â'r dadansoddiad yma, ac yn dadlau fod angen y ferf *hupotasso* yn adn.22 gan bwysleisio'r cysylltiad amlwg rhwng Effesiaid 5:22 a Colosiaid 3:18 lle mae Paul yn dweud *"Rhaid i chi'r gwragedd fod yn atebol i'ch gwŷr"*. Ond dylid sylwi fod Paul yn mynd ymlaen i ddweud *"Rhaid i chi'r gwŷr garu eich gwragedd"*. Rwy'n yn delio gydag ystyr hynny wrth ymdrin ag Effesiaid 5:25 (gw. y paragraff nesaf).

aberth drosti". Cawn ein hatgoffa o eiriau Iesu ei hun yn Mathew 20:26-28: *"Rhaid i'r sawl sydd am arwain ddysgu gwasanaethu, a phwy bynnag sydd am fod yn geffyl blaen fod yn was i eraill. Wnes i, hyd yn oed, ddim disgwyl i bobl eraill fy ngwasanaethu i, er mai fi ydy Mab y Dyn; des i fel gwas i aberthu fy mywyd er mwyn talu'r pris i ryddhau llawer o bobl."* Felly, mae Paul yn disgwyl i ddynion wasanaethu eu gwragedd ac aberthu eu hunain drostyn nhw. Dyma'n union yr ysbryd welon ni Paul yn ei ddysgu yn yr adnodau yn 1 Corinthiaid 7. A dyna'r math o berthynas briodasol sy'n anrhydeddu Duw – perthynas gariadus lle mae'r naill a'r llall yn ymostwng i'w gilydd a gwasanaethu ei gilydd. Mae **dewis** gwneud hynny yn weithred gwbl anhunanol sydd â dim oll i'w wneud a'r math o hierarchaeth lle mae gwragedd yn gorfod ymostwng i'w gwŷr am mai dyna'r 'drefn' fwriadodd Duw.

Tra'n ystyried y cwestiwn o berthynas briodasol, adran arall y dylid edrych arni ydy **1 Pedr 3:1-16**. Beth wnawn ni o'r gosodiad, *"Roedd Sara, er enghraifft, yn ufudd i Abraham (ac yn ei alw'n 'meistr'). Dych chi i fod yr un fath â hi..."* (adn.6). I ddeall yr adnodau hyn yn iawn mae'n bwysig cofio mai cyd-destun 1 Pedr 2:13–3:7 ydy dangos parch at bobl eraill. Mae Pedr yn sgwennu at Gristnogion oedd yn cael eu herlid ac wedi eu gwasgaru (1 Pedr 1:1-2), ac mae'n eu helpu i wynebu a delio hefo dioddefaint. Oherwydd fod yr efengyl yn cynnig rhyddid ac urddas i bobl, roedd yna bob amser demtasiwn i wrthryfela, dadlau a tharo'n ôl yn erbyn unrhyw un mewn awdurdod. Gallai'r rhyddid roedd yr efengyl yn ei gynnig i wragedd yn hawdd iawn arwain at wrthdaro a thensiwn, ond roedd Pedr am iddyn nhw ddeall fod yr efengyl yn cynnig ffordd well i bobl ymateb i anghyfiawnder eu sefyllfa. *"Yr esiampl i chi ei ddilyn ydy'r Meseia yn dioddef yn eich lle chi."* (1 Pedr 2:21), meddai.

Yn ail hanner pennod 2 mae Pedr newydd fod yn annog ei ddarllenwyr i ymostwng i'r Ymerawdwr a'r awdurdodau; yna'n annog caethweision i barchu eu meistri (hyd yn oed os ydy'r meistri hynny'n greulon!) Mae'n sôn wedyn am ddilyn esiampl y Meseia a'i hunan-aberth, ac mae'n dweud mai adlewyrchu ysbryd y Meseia mae gwragedd priod wrth ddewis ymostwng i'w gwŷr. *"Wedyn bydd y dynion hynny sy'n gwrthod credu neges Duw yn cael eu hennill gan y ffordd dych chi'n ymddwyn, heb i chi orfod dweud gair. Byddan nhw'n dod i gredu wrth weld eich bywydau duwiol a glân chi."* (1 Pedr 3:1-2) Ac mae Pedr yn dweud wrth y gwŷr, *"Agwedd felly ddylai fod gynnoch chi wŷr hefyd. Dylech feddwl bob amser am les eich gwragedd, a'u parchu nhw a gofalu amdanyn nhw. Y wraig ydy'r partner gwannaf yn gorfforol, ond mae'n rhaid cofio eich bod chi'ch dau yn rhannu'r bywyd mae Duw wedi ei roi mor hael."* (adn.7) Roedd hyn yn beth anhygoel i Iddew ei ddweud yn y ganrif gyntaf oed Crist!

Felly gwelwn yma eto, fod dim awgrym o drefn hierarchaidd sy'n cael ei orfodi ar y wraig pan mae hi'n priodi. Anogaeth sydd yma i adlewyrchu ysbryd Iesu ei hun yn y cariad, y parch, y gwasanaeth a'r gofal mae'r gŵr a'r wraig yn ei ddangos tuag at ei gilydd.

OND BETH AM LE'R FERCH YN YR EGLWYS?

1 Corinthiaid 14:34-35

Dyma i chi eiriau sydd wedi rhoi enw drwg i'r Apostol Paul, a rhoi iddo'r ddelwedd o fod yn 'hen lanc oedd yn erbyn merched'. *"Tawed eich gwragedd yn yr eglwysi"* (William Morgan) neu *"...dylai'r gwragedd fod yn ddistaw yn yr eglwysi, oherwydd ni chaniateir iddynt lefaru."* (BCN). Maen nhw'n adnodau sydd wedi eu defnyddio i ddadlau yn erbyn caniatáu i ferched bregethu ac i gadarnhau trefn hierarchaidd yn y cartref, lle mae gan ŵr awdurdod dros ei wraig.

Sut mae deall yr adnodau yma? A ddylid eu cymryd yn llythrennol a gwahardd merched rhag siarad o gwbl yn yr eglwysi? Os felly, mae'n amlwg nad oedd yr Ysbryd Glân wedi deall mai dyna sut oedd pethau i fod! (gw. Actau 2:17-18). Wrth edrych ar rannau eraill o'r Ysgrythur (yn wir, rhannau eraill o'r un llythyr) gwelwn gyfeiriadau at ferched yn gweddïo (1 Corinthiaid 11:4-5,13) ac yn proffwydo (1 Corinthiaid 14:1,31) yn yr eglwys. Ond yn 1 Corinthiaid 14:35 darllenwn hyn: *"mae'n beth gwarthus i weld gwraig yn siarad yn yr eglwys."* Mae'r gair Groeg sy'n cael ei gyfieithu fel "gwarthus", sef *aischron*, yn air cryf iawn. Gellid ei gyfieithu fel "cywilyddus" neu "amharchus". Sut mae esbonio'r anghysondeb sy'n codi ei ben rhwng y gwahanol osodiadau yma?

Mae rhai ysgolheigion efengylaidd yn meddwl falle nad oedd adnodau 34 a 35 yn rhan o destun gwreiddiol llythyr Paul.[22] Dydy'r ddwy adnod ddim i'w gweld yn yr un lle ym mhob llawysgrif. Maen nhw'n ymddangos ar ôl adn.33

---

22. gw. er enghraifft, Gordon Fee, *Commentary on the First Epistle to the Corinthians.* Eerdmans, 1987 tud. 699-702

weithiau, a dro arall ar ddiwedd y bennod ar ôl adn.40. Felly mae rhai yn tybio mai nodyn 'ymyl y ddalen' cynnar wnaeth ffeindio ei ffordd i mewn i'r testun sydd yma.

Mae ysgolheigion eraill yn meddwl fod yr adnodau yn delio gyda grŵp arbennig o ferched yn yr eglwys yng Nghorinth. Awgrymir mai merched oedd y rhain oedd yn ymddwyn yn amhriodol ac yn aflonydd, yn torri ar draws y gwasanaeth a gofyn cwestiynau.

Ond mae'r geiriau *"fel mae'r Gyfraith yn dweud"* (adn.34) yn awgrymu posibilrwydd arall, sef fod Paul yma yn dyfynnu gau-athrawon oedd yn dadlau yn ei erbyn. Dydy'r gair 'Cyfraith' yn sicr ddim yn cyfeirio at y Torâ (sef pum llyfr cyntaf yr Hen Destament), gan nad oes gorchymyn i ferched fod yn dawel yno. Mae'n llawer mwy tebygol ei fod naill ai'n cyfeirio at ddehongliad Rabinaidd Iddewig, neu o bosib at gyfreithiau Groegaidd a Rhufeinig oedd yn ceisio atal merched rhag camymddwyn wrth ymarfer crefydd. Dyna pam mae *beibl.net* wedi rhoi dyfynodau o gwmpas adn. 34-35, gan gredu mai trafodaeth sy'n digwydd yma, a bod Paul yn ymateb i gwestiynau a phroblemau oedd wedi codi yn yr eglwys yn Corinth (gw. 7:1). Rhaid cofio nad oedd atalnodi yn y llawysgrifau Groeg, ac mai'r cyd-destun yn unig oedd yn pennu weithiau lle dylid ychwanegu dyfynodau (gw. e.e. 1 Corinthiaid 4:6; 6:12,13; 7:1; 8:1; 10:23; 15:33.)

Ond mae yna reswm arall dros gredu fod Paul yn dyfynnu ei wrthwynebwyr ac yn dadlau yn eu herbyn. Gair cyntaf y testun Groeg yn adn.36 ydy 'he'. Weithiau, yn y Roeg, mae'r gair yma yn cael ei ddefnyddio fel ffordd o gyfleu anghytundeb cryf gyda rhywbeth. Y term gramadegol ydy 'ebychiad o ddatgysylltiad' *(expletive of disassociation)*[23]. Mae bron yn rheg, neu'n ebychiad sy'n cyfleu rhwystredigaeth. A dyna pam mae *beibl.net* wedi ei

---

23. gw. *A Greek-English Lexicon* (9th ed.) Liddell & Scott (Oxford: Clarendon Press, 1961) tud.761; *Interjections: Syntax, Semantics and Pragmatics* – Lars Nordgren (De Gruyter Mouton, 2015); *Why Not Women* – Loren Cunningham a David Joel Hamilton tud.190-191 (YWAM, 2000)

gyfieithu fel *"Beth? Ai oddi wrthoch chi (ddynion) ddaeth neges Duw gyntaf?"*[24] Yn y Roeg mae'r rhagenwau yn newid o'r trydydd person lluosog benywaidd "nhw" (y merched) yn adnodau 34 a 35 i'r ail berson lluosog gwrywaidd "chi" (ddynion) yn adnod 36. Felly, dw i'n credu mai'r ddealltwriaeth yma o'r adnodau sy'n gwneud mwya o synnwyr ac sy'n gyson â'r hyn mae Paul yn ei ddweud mewn mannau eraill yn ei lythyr.

Ychydig adnodau ynghynt, yn 1 Corinthiaid 14:26,29-31 mae Paul yn dweud, *"Pan fyddwch yn cyfarfod gyda'ch gilydd, mae gan **bawb** rywbeth i'w rannu – cân, rhywbeth i'w ddysgu i eraill, rhyw wirionedd sydd wedi'i ddatguddio, siarad iaith ddieithr neu'r gallu i esbonio beth sy'n cael ei ddweud...Dylid rhoi cyfle i ddau neu dri o broffwydi siarad, a dylai **pawb** arall bwyso a mesur yn ofalus y cwbl gafodd ei ddweud. Ac os ydy rhywbeth yn cael ei ddatguddio i rywun arall sy'n eistedd yno, dylai'r un sy'n siarad ar y pryd dewi. Gall **pob un** ohonoch chi broffwydo yn eich tro, er mwyn i bawb gael eu dysgu a'u hannog..."* Does dim awgrym o gwbl yma mai siarad gyda'r dynion yn unig mae Paul yma, ac mae Paul yn mynd yn ei flaen i gadarnhau y '**pawb**' yn yr adnodau yma drwy ddadlau yn erbyn y bobl hynny oedd am roi taw ar hanner y gynulleidfa yn yr eglwys.

1 Timotheus 3:1-13 a Titus 1:5-9

Wrth ystyried beth mae Paul yn ei ddweud am arweinwyr yn 1 Timotheus 3, mae darllen yr adran yn arwynebol yn gallu rhoi'r argraff mai dynion yn unig sydd i fod yn arwain yr eglwys. Ond dylid sylwi ar ddwy adnod yn arbennig. Mae'r adnod gyntaf yn dweud fod *"rhywun sydd ag uchelgais i fod yn arweinydd yn yr eglwys yn awyddus i wneud gwaith da."* (1 Timotheus 3:1). Yn y Groeg y gair *tis* (rhywun) sy'n cael ei ddefnyddio, nid *aner* (dyn). Ystyr *tis* ydy 'pwy bynnag' – h.y. dynion neu ferched. Ond yn rhy aml mae *tis* wedi

---

24. Mae cyfieithiad y King James (KJV) yn dda yma, *"What? came the word of God out from you? or came it unto you only?"*

cael ei gam-gyfieithu fel 'dyn'![25]

Ond byddai rhai am dynnu sylw at y ffaith mai sôn yr ydyn ni yn 1 Timotheus 3:2, ac yn Titus 1:6,7, am y gair Groeg *episcopos* (arweinydd / arolygydd / esgob). Bydden nhw am ddadlau fod y 'swyddogaeth' yma yn un sydd i'w llenwi gan ddynion yn unig am ei fod yn dweud *"Rhaid i arweinydd (Gr. episcopos) ... fod yn ŵr sy'n ffyddlon i'w wraig"* (neu'n llythrennol, *gŵr i un wraig*). Ond pan edrychwn ar y cyd-destun, gwelwn mai nid gosodiad yn pwysleisio'r ffaith mai dyn oedd *episcopos* sydd yma; dweud beth ddylai nodweddu rhywun sy'n *episcopos* mae Paul. Roedd *poligami* (amlwreiciaeth) yn gyffredin, a dynion yn rhydd i gael perthynas rywiol gyda 'chariadon', caethforynion a merched eraill, ond doedd *poliandri* (aml-wriaeth) ddim yn bod, ac roedd diwylliannau Groegaidd, Rhufeinig ac Iddewig yn disgwyl i wraig fod yn ffyddlon i'w gŵr. Os ydym am ddadlau ar sail geiriad adn.2-7 na all merch fod yn arweinydd, yna, o ddilyn yr un rhesymeg ni ddylai unrhyw ddyn sengl neu ddyn priod sydd heb blant fod yn arweinydd ychwaith! (gw.adn.2, 4-5). Falle y byddai 'monogamydd' yn gyfieithiad gwell heddiw o'r idiom "gŵr i un wraig" (beibl.net – *gŵr sy'n ffyddlon i'w wraig*), ond yn anffodus mae'n air sydd braidd yn ddiarth.

Un peth olaf i'w nodi yma ydy fod yr iaith Roeg yn gyson yn defnyddio ffurfiau gwrywaidd geiriau wrth gyfeirio at grwpiau o bobl sy'n cynnwys dynion a merched. Mae Marc 10:11,12 yn dangos hyn yn glir i ni. Roedd Iesu yn sôn am ddyn yn ysgaru ei wraig, ond yna mae Marc yn esbonio fod hyn yn cynnwys gwraig sy'n ysgaru ei gŵr. Yn yr Hen Destament hefyd, pan mae'r 10 gorchymyn yn datgan na ddylai dyn chwennych gwraig rhywun arall (gw. Exodus 20:17), dydy hynny ddim yn golygu ei bod yn berffaith iawn i wraig chwennych gŵr rhywun arall!

---

25. Roedd Testament Newydd William Salesbury (1567) a Beibl William Morgan (1588) yn defnyddio'r gair 'neb', sy'n gynhwysol, ond 'dyn' gafodd ei ddefnyddio yn y BCN (1988). Mae wedi ei gywiro i 'Pwy bynnag' yn yr Argraffiad Diwygiedig (2004).

1 Timotheus 2:11-15

Adran arall o'r Ysgrythur sy'n cael ei ddefnyddio i ddadlau mai dynion yn unig sydd i arwain yn yr eglwys ydy 1 Timotheus 2:11-15. Mae'n ymddangos ar yr wyneb fod Paul yn datgan fod merched i ymostwng i ddynion am fod Adda wedi ei greu o flaen Efa ac am mai Efa oedd wedi cael ei thwyllo gan y neidr. Mae yna nifer o gwestiynau yn codi yma, ac mae angen edrych yn fanylach ar y cyd-destun i ddeall beth yn union sy'n cael ei ddweud.

Roedd Timotheus yn gweinidogaethu yn yr eglwys yn Effesus, a gwyddom fod yna athrawon yn dysgu pethau anghywir yno (1 Timotheus 1:3-7). Effesus oedd y bedwaredd ddinas fwyaf yn yr Ymerodraeth Rufeinig. Rydyn ni'n gwybod fod y ddinas yn ganolfan addoli y dduwies Artemis, neu Diana (Actau 19:23-41). Roedd Teml Artemis yn un o saith rhyfeddod yr hen fyd; roedd tua pedair gwaith maint y Pantheon yn Athen. Roedd Artemis yn gyfuniad o dduwies yr helfa a Cybele, Mam-dduwies Fawr y ddaear a ffrwythlondeb. Roedd y delwau o Artemis yn ei darlunio gyda bronnau drosti, merched oedd ei hoffeiriaid, ac roedd defodau'r cwlt yn cynnwys elfennau rhywiol. Credir fod addoli'r dduwies Cybele yn cynnwys defodaeth dreisiol ar ddynion, lle roedd dynion yn sbaddu eu hunain ac yn gwaedu i farwolaeth i gofio beth ddigwyddodd i'r duw Attis. Mae Llyfr yr Actau yn adrodd hanes sy'n dangos dylanwad enfawr y dduwies yma yn Effesus yn nyddiau Paul. (gw. Actau 19:24-28).

Ysgrifennu llythyr i ddelio gyda phroblem dysgeidiaeth ffals yn yr eglwys yn Effesus mae Paul. Mae'n sôn yn 1 Timotheus 5:11-13 am weddwon ifanc yn crwydro o dŷ i dŷ, yn *"siarad nonsens, defnyddio swynion a dweud pethau ddylen nhw ddim."* (adn.13) Nid sgwennu llawlyfr ar drefn eglwysig oedd y bwriad, ond delio hefo'r problemau roedd Timotheus yn eu hwynebu. Felly, rhaid deall yr adnodau yn 2:11-15 yng nghyd-destun beth oedd yn digwydd yn yr eglwys yn Effesus. Yn 1 Timotheus 2:9 mae Paul yn dweud wrth wragedd am beidio tynnu sylw atyn nhw eu hunain drwy wisgo dillad sydd ddim yn weddus, steil gwallt, tlysau aur a pherlau a dillad costus. Mae'n amlwg fod yna arferion diwylliannol yn Effesus oedd yn creu problemau yn yr eglwys.

Y peth cyntaf i sylwi arno wrth ddarllen yr adnodau yma yn 1 Timotheus 2 ydy fod Paul yn dweud y dylai merched, fel dynion, gael eu dysgu: *"Rhaid i wraig, wrth gael ei dysgu, fod yn dawel a dangos ei bod yn barod i ymostwng yn llwyr."* Rhaid i ni beidio anghofio fod hyn, ynddo'i hun, yn chwyldroadol yn y diwylliannau Iddewig, Groegaidd a Rhufeinig bryd hynny. Ond y broblem ydy beth ydy ystyr y geiriau *'bod yn dawel'* ac *'ymostwng'*? Wel, termau oedd y rhain oedd yn cael eu defnyddio i ddisgrifio sut oedd disgyblion raibiniaid i fod i ymddwyn. Arwyddocâd yr 'ymostwng' ydy ymostwng i Dduw. Ac mae'r gair Groeg sy'n cael ei gyfieithu fel 'tawel', sef *hesychia*, yn golygu mwy na 'peidio siarad' – mae'n golygu stad o ymdawelu i wrando ar Dduw a bod yn agored tuag ato.[26]

Yn 2 Timotheus 2:2, mae Paul yn dweud, *"Dywed di wrth eraill beth glywaist ti fi'n ei ddweud o flaen llawer o dystion – rhanna'r cwbl gyda phobl y gelli di ddibynnu arnyn nhw i ddysgu eraill."* Y gair Groeg sy'n cael ei gyfieithu yma fel 'pobl' ydy *anthropos*, gair sy'n cynnwys dynion a merched. Mae yna air penodol am 'ddyn' neu 'ŵr', sef *aner*, ond yn anffodus mae llawer gormod o gyfieithiadau wedi defnyddio'r gair 'dynion' yn yr adnod yma[27]. Yr un gair Groeg, *anthropos*, sydd yn cael ei ddefnyddio yn Effesiaid 4:8, lle mae Paul yn sôn am roddion y Meseia i'w eglwys – sef apostolion, proffwydi, efengylwyr, bugeiliaid ac athrawon (adn.11). Petai'r rhoddion yma wedi eu bwriadu ar gyfer dynion yn unig, yna gallai Paul yn hawdd fod wedi defnyddio'r gair Groeg am ddyn – *aner*.

---

26. Yma mae William Salesbury a William Morgan yn anghyson, gan eu bod yn cyfieithu'r gair *hesychia* fel "distawrwydd" yn 1 Timotheus 2:11 lle mae'n cyfeirio at ferched, ond yn 2 Thesaloniaid 3:12 lle defnyddir yr un gair mae'n cael ei gyfieithu fel "llonyddwch". Mae'r un peth yn wir am gyfieithiad y *King James* yn Saesneg.

27. gw. e.e. BCN 1988; ond mae'r Argraffiad Diwygiedig o'r Beibl Cymraeg Newydd (2004) wedi ei gywiro i *pobl*.

Rhaid i ni hefyd edrych yn fanylach ar y gair 'awdurdod' yn 1 Timotheus 2:12 (BCN). Y gair ydy *authentein*[28]. Dyma'r **unig dro** mae'r gair yn cael ei ddefnyddio yn y Testament Newydd yn gyfan, a'i ystyr ydy "camddefnyddio grym", "defnyddio gorfodaeth", neu hyd yn oed "drais". Roedd yn air oedd hyd yn oed yn cael ei ddefnyddio i sôn am "lofruddiaeth" a "hunan-laddiad". Ystyr sylfaenol y gair ydy "gwthio neu hyrddio'r hunan". Roedd iddo oblygiadau erotig, a daeth i gael ei ystyried yn air oedd braidd yn anweddus a haerllug.[29] Y gair arferol sy'n cael ei gyfieithu fel "awdurdod" ydy *exousia* (e.e. Actau 26:12; 2 Corinthiaid 10:8; Colosiaid 2:10) – dro arall *huperoche* (1 Timotheus 2:2) neu *epitage* (Titus 2:15). Mae *authentein* yn wahanol, mae'n golygu camddefnydd o awdurdod, ac felly beth mae Paul yn ei wneud yma ydy gwrthwynebu ymddygiad sy'n amhriodol. Y ffordd mae beibl.net wedi ceisio ei gyfleu ydy gyda'r ymadrodd *"bod fel teyrn"*. Mae Pedr yn ei ail lythyr yn sôn am athrawon ffals yn *"sleifio i mewn gyda heresïau sy'n arwain i ddinistr ...Bydd llawer o bobl yn eu dilyn ac yn rhoi penrhyddid llwyr i'w chwantau rhywiol."* (2 Pedr 2:1). Yn Llyfr y Datguddiad mae yna sôn am wraig yn eglwys Thyatira: *"Rwyt ti'n goddef y wraig yna, y 'Jesebel', sy'n galw'i hun yn broffwydes. Mae hi'n dysgu pethau sy'n camarwain y rhai sy'n fy ngwasanaethu i. Mae hi'n eu hannog nhw i bechu'n rhywiol a bwyta bwyd sydd wedi'i aberthu i eilun-dduwiau."* (Datguddiad 2:20). Roedd Effesus yn ddinas ble roedd cannoedd o ferched yn gwasanaethu yn nheml Diana. Roedden nhw'n credu fod puteindra yn dod â'r addolwr i gysylltiad uniongyrchol â'r dduwies.

---

28. gw. Cynthia Long Westfall, *The meaning of αὐθεντέω in 1 Timothy 2.12* (2014); hefyd Leland E. Wilshire, "1 Timothy 2:12 Revisited: A Reply to Paul W. Barnett and Timothy J. Harris," *Evangelical Quarterly* 65 (1993).

29. gw. *Ancient heresies and a strange Greek verb* – Catherine C. Kroeger. Mae cyfieithiadau cynnar o'r adnod hon yn adrodd cyfrolau. Yn ei ysgrif *Women in the New Testament: A Middle Eastern Cultural View* dywed Kenneth Bailey, "Our centuries-long middle-eastern exegetical tradition is instructive. The Peshitta Syriac (fourth century) translates with *mamraha*. The root of this word has to do with insolence and bullying. The early Arabic versions, translated from Greek, Syriac and Coptic, read either *'yata'amaru'* (to plot; to be domineering; to act as 'lord and master'; to be imperious) or *'yajtariu'* (to be insolent)."

Ond pam wedyn mae Paul yn 1 Timotheus 2:14 yn rhoi pwyslais ar y syniad mai nid Adda, ond y wraig oedd wedi ei thwyllo? Yn Rhufeiniaid 5:14-19 a 1 Corinthiaid 5:22,45 mae'n beio Adda. Pam yr anghysondeb? Mae hyn yn gysylltiedig â'r ffaith fod rhai grwpiau Gnosticaidd yn dysgu stori wahanol am y creu. Roedden nhw'n honni fod Efa wedi ei chreu gyntaf a'i bod wedi derbyn gwybodaeth gyfrinachol gan y neidr – ei bod wedi ei goleuo yn hytrach na'i thwyllo. Roedd Efa yn cael ei darlunio fel yr un oedd yn hyfforddi Adda ac yn rhoi bywyd iddo. Felly, mae'n bosib fod peth o'r syniadaeth yma wedi ffeindio'i ffordd i mewn i'r eglwys yn Effesus, a bod rhai, dan ddylanwad cwlt Artemis, wedi llyncu y myth mai'r wraig gafodd ei chreu gyntaf. Roedden nhw hyd yn oed yn dysgu nad oedd gan Efa angen dyn i gael plant. Duwies ffrwythlondeb oedd Artemis ac mae'n bosib mai'r syniadau yma oedd y broblem tu ôl i'r hyn mae Paul yn ei ddweud yn 1 Timotheus 5:14-15: *"Dw i am i'r gweddwon iau briodi eto a chael plant, a gofalu am y cartref. Wedyn fydd y gelyn ddim yn gallu bwrw sen arnon ni. Ond y mae rhai eisoes wedi troi cefn, a mynd ar ôl Satan."*[30]

Roedd Timotheus wedi bod gyda Paul yn teithio o le i le; roedd wedi helpu Paul i sefydlu eglwysi yn Asia a Galatia a byddai'n gyfarwydd â safbwynt Paul ar fater lle'r ferch yn yr eglwys, a sut roedd Paul yn trin merched. Felly fyddai dim angen i Paul fynd ati i amlinellu rhyw egwyddor gyffredinol "na ddylai gwragedd gael arwain yn yr eglwys" os mai dyna oedd yn arfer ei wneud. Na, mae'n llawer mwy tebygol fod Paul yn delio yma hefo'r sefyllfa oedd wedi codi yn Effesus. Mae'n bosib ei fod yn delio ag un wraig arbennig oedd wedi bod yn lledaenu'r heresi (Sylwer ei fod yn adn.11 yn newid o'r lluosog "gwragedd" i'r unigol, "gwraig".)

---

30. gw. *I Suffer Not a Woman: Rethinking 1 Timothy 2:11-15 in light of Ancient Evidence* Richard Clark and Catherine Clark Kroeger (Grand Rapids: Baker, 1992)

Rhufeiniaid 16

Yn y bennod olaf o'i lythyr at y Rhufeiniaid mae Paul yn cyfarch deg o bobl mae'n eu hystyried yn 'gydweithwyr' iddo. Roedd saith ohonyn nhw yn ferched.[31] Nid dim ond credinwyr oedd y merched hyn, ond arweinwyr yn yr eglwys. Gwraig ydy'r gyntaf mae'n ei chyfarch, sef **Priscila,** ynghyd â'i gŵr Acwila, ac mae'n galw y ddau ohonyn nhw yn 'gydweithwyr' (beibl.net – *"sy'n gweithio gyda mi"*) (adn.3) 'Cydweithiwr/-wyr' oedd y gair oedd Paul yn ei ddefnyddio i ddisgrifio dynion fel Timotheus, Luc a Marc. A dylid sylwi fod Priscila yn cael ei henwi gyntaf pan sonir am ei gweinidogaeth hi a'i gŵr (gw. Actau 18:18,19,26; Rhufeiniaid 16:3; 2 Timotheus 4:19). Noder mai Priscila sy'n cael ei henwi gyntaf yn Actau 18:26 pan oedd hi a'i gŵr Acwila yn mynd ati i gywiro rhai o syniadau athrawiaethol Apolos. Roedd enwi merched gyntaf yn gwbl groes i arfer diwylliannol y cyfnod.

Mae llyfr yr Actau yn dangos i ni fod Priscila a'i gŵr Acwila yn gwpl priod dylanwadol iawn yn yr eglwys. Cafodd y ddau eu gyrru o Rufain gan yr Ymerawdwr Claudius, a dyna pryd wnaethon nhw gyfarfod Paul yn Corinth (Actau 18:2). Buon nhw'n gweithio gyda'i gilydd yn Corinth (Actau 18:2-3) ac fe deithiodd y ddau gyda Paul i Effesus, ac aros i weinidogaethu yno (Actau 18:18-19). Nhw wnaeth hyfforddi Apolos yn y ffydd (Actau 18:26). Ac mae rhai ysgolheigion yn credu mai Priscila oedd awdur y llythyr at yr Hebreaid[32].

Cyn cyfarch Priscila, mae Paul yn cyflwyno gwraig o'r enw **Phebe** i'w ddarllenwyr, ac yn annog Cristnogion Rhufain i roi croeso brwd iddi. Hi

---

31. Dywed yr ysgolhaig Testament Newydd F.F.Bruce, "[Paul] delighted in the company of his fellows, both men and women. The most incredible feature in the Paul of popular mythology is his alleged misogyny. He treated women as persons ... The mainstream churches of Christendom, as they inch along towards a worthier recognition of the ministry of women, have some way to go yet before they come abreast of Paul." F.F.Bruce *Apostle of the Heart Set Free* (Eerdmans, 1977).

32. *The IVP Women's Bible Commentary* gol. Catherine Clark Kroeger & Mary J. Evans (IVP, 2002, t762)

oedd negesydd a chynrychiolydd Paul i'r eglwys yn Rhufain. Roedd yn dod o Cenchrea, porthladd ger Corinth. Yn Rhufeiniaid 16:1 mae Paul yn defnyddio'r gair diacon (Gr. *diakonos*) i'w ddisgrifio hi. Beth sydd yn drist yma ydy fod y gair *diakonos* yn amlach na pheidio yn cael ei gyfieithu fel 'diacon' neu 'weinidog' pan mae'n cyfeirio at ddyn[33], ond yma, yn Rhufeiniaid 16:1, lle mae'n cyfeirio at wraig, 'gwasanaethu' ydy'r cyfieithiad (gw. e.e. y Beibl Cymraeg Newydd)[34]. Mae Paul yn mynd ymlaen i ddweud amdani fel yma: *"Mae hi wedi bod yn gefn i lawer iawn o bobl, gan gynnwys fi,"* (Rhufeiniaid 16:2c). Y gair sy'n cael ei gyfieithu 'cefn' ydy *prostatis* – gair sy'n cael ei ddefnyddio yn y Deg a Thrigain (LXX, sef y cyfieithiad Groeg o'r Hen Destament) i gyfeirio at rywun gyda chyfrifoldebau, neu rywun sy'n rheoli neu arolygu eraill. Ystyr y gair yn llythrennol ydy 'sefyll o flaen'. Mae'r ferf *prostasso* yn golygu 'dweud wrth rywun beth i'w wneud', 'gorchymyn' (Mathew 1:24; 21:6; Luc 5:14; Actau 10:33). Gair arall cysylltiedig ydy'r gair *proistemi* sy'n cael ei gyfieithu yn Rhufeiniaid 12:8 fel 'arwain' (gw. hefyd 1 Thesaloniaid 5:12 – *'gofalu amdanoch chi'* (beibl.net) neu *'arweinwyr arnoch'* (BCN)), a 1 Timotheus 3:4,5,12 yn yr ystyr o *'gadw trefn'* (beibl.net) neu *'reoli'* (BCN). Felly mae'r ffaith fod Paul yn defnyddio'r gair *prostatis* i'w ddisgrifio hi yn ei gwneud yn debygol iawn fod y wraig yma yn arweinydd dylanwadol yr yr eglwys yn Cenchrea[35].

---

33. Mae'r un gair yn cael ei ddefnyddio am Paul (1 Corinthiaid 3:5), Timotheus (1 Timotheus 4:6), Epaffras (Colosiaid 1:7), Tychicus (Colosiaid 4:7; Effesiaid 6:21) ac Apolos (1 Corinthiaid 3:5). Mae *beibl.net* wedi dewis defnyddio'r cyfieithiad 'gwasanaethu' yn gyson.

34. Ond dylid sylwi fod William Salesbury yn defnyddio'r gair *weinidoc* i ddisgrifio Phebe, a William Morgan yn ei galw yn *weinidoges*.

35. "Phoebe is called a prostatis over/to many. This word was applied to the leader of worship in a Graeco-Roman temple as well as to a governor, a chieftain, and the leader of a democracy." Kenneth E. Bailey, *Women in the New Testament: A Middle Eastern Cultural View*.
A dyma mae John Calvin yn ei ddweud: "He begins by commending Phoebe... first on account of her office, because she exercised a very honourable and holy ministry in the Church." *The Epistles of Paul the Apostle to the Romans and to the Thessalonians*, trans. R. Mackenzie, (Eerdmans, Grand Rapids 1976, tud 320.)

Yna cawn **Jwnia** – Rhufeiniaid 16:7 – sydd, gyda'i gŵr Andronicus, yn cael ei galw yn 'apostol' (beibl.net – *'cynrychiolwyr i'r Arglwydd'*).[36] Mae yna hanes rhyfeddol tu ôl i'r enw Jwnia yn yr adnod yma. Aegidus o Rufain, yn y 13eg ganrif, oedd yn cyntaf i newid enw Jwnia i ffurf gwrywaidd, a chyfeirio at Jwnia**s** fel dyn. Roedd yn cymryd yn ganiataol mai cyfeiriad at ddyn oedd yma gan fod yr adnod yn sôn am rywun oedd yn 'apostol', ac wrth gwrs, allai merch byth fod yn apostol![37] Ond y gwir oedd fod y ffurf benywaidd, Jwnia, yn enw Lladin cyffredin, tra doedd y ffurf gwrywaidd ddim yn bodoli. O'r ganrif gyntaf hyd y 12fed ganrif roedd y tadau ac ysgolheigion Beiblaidd yn cydnabod mai merch oedd Jwnia – e.e. Origen (185-254OC) John Chrysostom (347-407OC)[38], Sant Jerom (340-420OC) etc.[39]

Mae peth dadlau wedi bod ynglŷn a'r cymal *"y rhai sydd hynod ymhlith yr apostolion"* (William Morgan) neu *"adnabyddus fel cynrychiolwyr i'r Arglwydd"* (beibl.net) yn Rhufeiniaid 16:7. Mae rhai wedi ceisio dadlau ei fod yn golygu fod yr apostolion yn nabod Andronicus a Jwnia, neu yn eu parchu a'u hedmygu nhw. Ond nid dyna'r cyfieithiad gorau o'r gair *episēmos*. Mae'n golygu "wedi eu marcio / yn hynod / nodedig / amlwg / blaenllaw / pwysig / enwog " (cf. F.F.Bruce – *"The Letter of Paul to the Romans"*).

---

36. Nid dim ond y 12 disgybl (gyda Mathias wedi cymryd lle Jwdas) oedd yn cael eu galw yn apostolion. Mae'r gair *apostolos* yn cael ei ddefnyddio i ddisgrifio Paul (Actau 14:14 etc.), Barnabas (Actau 14:14), Silas (1 Thesaloniaid 1:1, 2:6), Timotheus (1 Thesaloniaid 1:1, 2:6), Epaffroditws (Philipiaid 2:25), Apolos (1 Corinthiaid 4:6-9), Andronicus a Jwnia (Rhufeiniaid 16:7)

37. Roedd y Canol Oesoedd yn gyfnod hynod o batriarchaidd, a merched yn cael eu hystyried yn israddol i ddynion. Roedd yr eglwys yn euog o hyrwyddo agweddau negyddol at ferched e.e. trwy ddysgu fod dyn yn gwneud lles i'w wraig drwy ei churo. Roedd offeiriaid yn cynghori dynion i gam-drin eu gwragedd er mwyn hyrwyddo eu hymroddiad a'u hufudd-dod. Roedd y diwinydd Thomas Aquinas (c.1225 – 1274) wedi plethu credoau'r eglwys ag athroniaeth Roegaidd ac roedd hyn wedi hybu agweddau erchyll at ferched.

38. Ioan Aurceg (Chrysostom) ddwedodd "O, mor wych yw ymroddiad y wraig hon, y dylai hi hyd yn oed gael ei chyfrif yn deilwng o'r enw apostol."

39. Iunıa, y ffurf benywaidd, sydd yn Nhestament Newydd William Salesbury (1567) ac ym Meibl William Morgan (1588), ond mabwysiadodd cyfieithwyr y Beibl Cymraeg Newydd (1988) y ffurf gwrywaidd Junias (arfer oedd yn nodweddu nifer o feiblau Saesneg.) Cafodd ei gywiro yn yr argraffiad diwygiedig o'r BCN (2004).

Gallen ni hefyd sôn am **Tryffena, Tryffosa, Persis** a **Mair.** Pan sgwennodd Paul ei lythyr at y Rhufeiniaid, doedd o erioed wedi bod yn Rhufain. Roedd yn bwriadu mynd yno a defnyddio Rhufain fel *base* neu ganolfan i fynd allan i efengylu yn Spaen. Roedd yn sgwennu at yr eglwys i baratoi'r ffordd ar gyfer hynny, ac mae'n siwr mai'r bobl y byddai Paul fwyaf tebygol o'u cyfarch oedd arweinwyr yr eglwysi tai yn Rhufain. Mae'n sôn am Tryffena a Tryffosa yn 'gweitho'n galed' (Groeg *kopaio*) dros yr Arglwydd. Mae *kopaio* yn air sy'n cael ei ddefnyddio gan Paul mewn mannau eraill i gyfeirio at arweinwyr eglwysi – e.e. yn 1 Thesaloniaid 5:12; 1 Timotheus 5:17. Mae'r ffaith ei fod yn ei gyfuno yma gyda'r gair *kurios*, sef 'Arglwydd', yn awgrymu'n gryf fod y merched yma yn arweinwyr yn yr eglwys.

Mae yna gyfeiriad diddorol yn Rhufeiniaid 16:13 *"at **Rwffus** ... ac at ei fam sydd wedi bod fel mam i minnau hefyd."* Does dim gofod i fynd ar ôl y mater yn fanwl yma, ond mae lle i gredu mai Rwffus oedd y dyn sy'n cael ei enwi yn Marc 15:21, sef un o feibion Simon o Cyrene wnaeth gario croes Iesu iddo. Felly, gall fod mai gwraig Affricanaidd o Cyrene (ar arfordir gogledd Affrica) oedd y fam yma. Does dim modd dweud i sicrwydd os ydy'r cyfeiriad ati fel *"mam i minnau hefyd"* yn disgrifio ei chroeso a'i lletygarwch neu yn awgrymu mwy na hynny.

Roedd **Chloe** yn wraig amlwg yn yr eglwys fore. Yn 1 Corinthiaid 1:11, *"rhai o Chloe"* ydy'r geiriad llythrennol yn y Roeg, sy'n awgrymu ei bod hi'n arwain eglwys oedd yn cyfarfod yn ei thŷ. Sylwer fod dim cyfeiriad o gwbl at ei ŵr Chloe yma.

Yn y llythyr at y Philipiaid cawn gyfeiriad at **Euodia** a **Syntyche** – dwy wraig yn yr eglwys yn ninas Philipi. Mae Paul yn dweud eu bod *"wedi brwydro gyda mi o blaid y newyddion da gyda Clement a phob un arall o'm cydweithwyr"* (Philipiaid 4:2-3). Y gair Groeg sy'n cael ei gyfieithu'n 'brwydro' ydy *synathlein*. Mae'r un gair yn cael ei ddefnyddio yn 1:27 lle mae Paul yn sôn am wneud safiad dros y newyddion da yn wyneb gwrthwynebiad.

Yn olaf, beth wnawn ni o'r cyfeiriadau at ferched yn proffwydo? Yn Actau 21 cawn gyfeiriad at **Ferched Philip** – "*pedair o ferched dibriod oedd yn proffwydo*" (Actau 21:9). Ac wrth gwrs, pan gafodd Iesu ei eni, cawn hanes gwraig o'r enw **Anna**, oedd yn 84 mlwydd oed, yn proffwydo am Iesu pan ddaeth Mair a Joseff ag o i'r deml. "*Roedd yn siarad am Iesu gyda phawb oedd yn edrych ymlaen at ryddid i Jerwsalem*" ((Luc 2:36-38)

CASGLIAD

Gwelsom yn hanes y Creu yn Genesis fod Duw wedi creu dynion a merched ar ei ddelw ei hun; ei fod wedi bendithio'r naill a'r llall, ac wedi rhoi'r un breintiau a chyfrifoldebau iddyn nhw. Ond aeth pethau o chwith pan syrthiodd y ddynoliaeth i bechod a gwrthryfela yn erbyn bwriadau da Duw. Canlyniad y gwrthryfel fyddai patriarchiaeth, merched yn cael eu hystyried yn israddol, a hyd yn oed agweddau gwrageddgas (*misogynous*). Ond pan ddaeth Iesu, fe safodd yn erbyn agweddau negyddol at ferched yn niwylliannau ei gyfnod. Dangosodd y ffordd yn ôl at fwriad gwreiddiol Duw o gydraddoldeb y rhywiau. Yna ar ddydd y Pentecost fe ddisgynnodd yr Ysbryd Glân ar ddynion a merched fel ei gilydd, a rhannu ei ddoniau iddynt i'w galluogi i'w wasanaethu a thystio i'w gariad fel aelodau o'i eglwys.

Yn Galatiaid 5:13, mae Paul yn annog Cristnogion *"i garu a gwasanaethu eich gilydd"*. Mae hyn yn cynnwys dynion yn gwasanaethu merched, ac mae'r math yna o wasanaeth yn adlewyrchu ysbryd yr Arglwydd Iesu ei hun – *"Wnes i ddim disgwyl i bobl eraill fy ngwasanaethu i, er mai fi ydy Mab y Dyn; des i fel gwas i aberthu fy mywyd er mwyn talu'r pris i ryddhau llawer o bobl"* (Marc 10:45). Fel Iesu ei hun, hunan-aberth sy'n nodweddu'r sawl sy'n caru.

Yn Colosiaid 3:16 mae Paul yn dweud wrth y Cristnogion i gyd, *"Gadewch i'r neges wych am y Meseia fyw ynoch chi, a'ch gwneud chi'n ddoeth wrth i chi* **ddysgu** *a rhybuddio'ch gilydd."* Does dim awgrym o gwbl yma mai siarad gyda'r dynion yn unig oedd Paul. Roedd yn sgwennu ei lythyr *"at bobl Dduw yn Colosae sy'n ddilynwyr ffyddlon i'r Meseia"* (Colosiaid 1:2).

Mae Rhufeiniaid 8:22,23 yn sôn am y greadigaeth yn dyheu am gael ei rhyddhau o ganlyniadau'r cwymp. *"Dŷn ni'n gwybod fod y greadigaeth gyfan yn griddfan fel gwraig sydd mewn poen wrth eni plentyn. Ac nid dim ond y greadigaeth*

sy'n griddfan, ond ni hefyd sy'n Gristnogion, ac wedi derbyn yr Ysbryd Glân fel rhagflas o beth sydd i ddod. Dŷn ni hefyd yn griddfan o'n mewn wrth ddisgwyl i'r diwrnod ddod pan fydd Duw yn ein mabwysiadu ni ac y bydd ein corff yn cael ei ollwng yn rhydd!" Sylwch yma fod cael eich achub a derbyn yr Ysbryd Glân yn golygu dyheu am y rhyddid fydd yn dod i ni ac i'r greadigaeth – rhyddid i fyw eto a phrofi'r fendith o ymostwng i awdurdod cariadus Duw yn lle'r felltith a'r caethiwed o fyw gyda chanlyniadau ein pechod a'n gwrthryfel. Dydy Duw ddim am i ni arddel gwerthoedd y byd syrthiedig; mae am i ni fod yn gyfryngau newid sy'n arddel gwerthoedd Iesu. Ac mae'r Ysbryd Glân yn rhoi nerth i Gristnogion arddel a byw yn y presennol werthoedd y deyrnas sydd i ddod yn y dyfodol – mae'r Ysbryd Glân yn "rhagflas o'r hyn sydd i ddod." Mae hyn yn cynnwys rhyddid o ganlyniadau'r cwymp a'u heffaith negyddol ar y berthynas rhwng dynion a merched.